잉글톡스 스텝 01 알파벳

알파벳 퍼스트북

이선미·이덕희·황대욱·김남의 지음

놀이영어북스

QR코드를 찍어 확인하세요.

Alphabet Song

A B C D E F G H I J K

L M N O P Q R S T U V

W – X Y AND Z NOW I KNOW MY

A – B – C's NEXT TIME WONT'T YOU SING WITH ME?

알파벳 따라 쓰기

Aa Bb Cc Dd

Ee Ff Gg Hh

Ii Jj Kk Ll

Mm Nn Oo Pp

Qq Rr Ss Tt

Uu Vv Ww Xx

Yy Zz

머리말

《알파벳 퍼스트북》은 어떤 책일까요?

'초등영어가 평생 간다.' 혹은 '초등영어가 답이다.'라는 말이 있습니다.

이 말은 뿌리 깊은 나무가 모진 풍파에도 견디고 살아남는 것처럼 영어 학습 역시 기초가 튼튼하면 어떠한 어려운 상황이 닥쳐도 흔들리지 않고 잘 헤쳐 나갈 수 있다는 생각을 반영한 것입니다.

초등학생이 되기 전부터 영어 유치원을 다니거나 가정에서 영어 학습을 시작하는 아이들이 많습니다. 초등학교 3학년부터 시작되는 정규 영어 교육 과정에 대비하기 위해 영어에 노출되는 기회를 늘리고 영어를 자연스럽게 익히길 바라는 부모님의 바람과 관심의 결과입니다.

그렇다면 영어를 공부하기 위한 첫 단계는 무엇일까요? 바로 영어 소리를 많이 듣는 것입니다. 영어 소리를 많이 듣고 영어 글자에 관심을 갖기 시작한다면, 그때가 영어를 시작하기에 적기입니다.

이 책은 처음으로 영어를 시작하는 유아나 학생이 영어 학습의 기초를 닦을 수 있도록 도와주는 책입니다. 알파벳의 이름을 소리로 듣고 글자를 함께 인지하여 배우는 단계에 초점을 맞추었습니다. 즉, 알파벳 26개가 가진 소리를 알고 대문자와 소문자를 익히는 것은 물론 소리와 그림, 소리와 문자를 연결해 가는 과정이라 하겠습니다. 한글에서는 'ㄱㄴㄷㄹ……, ㅏㅑㅓㅕ……'의 자음과 모음이 첫 단추이듯 영어에서는 'ABCDE……, abcde……'의 알파벳과 그 소리가 첫 단추인 셈이지요.

영어를 처음 시작하는 바로 지금, 우리 아이들이 재미있고 즐겁게 영어 공부를 시작할 수 있게 도와주세요. 그 시작을 함께할 《알파벳 퍼스트북》입니다.

《알파벳 퍼스트북》은 다른 책과 어떻게 다른가요?

이 책은 4명의 현직 영어 원장님들이 학생들을 직접 교육하면서 영어 학습의 첫 단계인 알파벳을 배울 때 필요한 부분만을 담아 영어를 쉽고 재미있게 접할 수 있도록 구성했습니다. 알파벳 마을을 여행하며 각 마을에 살고 있는 알파벳 친구들을 만나는 스토리를 통해 자연스럽게 알파벳의 소리와 글자에 노출되도록 했습니다. 본격적으로 파닉스를 배우기 전에 알파벳의 이름과 소리를 인지하여 파닉스로 매끄럽게 넘어가도록 도와줍니다.

1. 단순히 글자가 아닌, 소리를 듣고 그림을 보면서 알파벳을 읽고 따라 쓰는 훈련을 통해 알파벳의 인지 능력을 높일 수 있습니다.

2. 알파벳 마을이라는 스토리를 구성하여 알파벳과 그림을 매칭하는 놀이 활동을 통해 지루하지 않게 알파벳을 배울 수 있습니다.

3. 스티커 떼어 붙이기, 그림 그리기, 컬러링, 빈칸 채우기, 쓰기 등의 활동을 하면서 알파벳을 익힐 수 있어 어린아이들도 쉽게 따라 할 수 있습니다.

4. 복습 코너에서 배운 내용을 꼼꼼하게 짚고 넘어갈 수 있도록 구성함은 물론 미로 찾기, 선 따라 목적지에 도착하기, 숨은 알파벳 찾기 등 재미 요소를 담아 아이들이 즐겁게 알파벳을 익힐 수 있습니다.

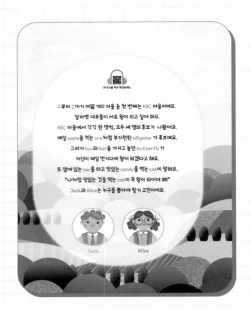

■☞　　　QR코드를 통해 알파벳 학습에 앞서 각 알파벳별로 대표 단어 3개씩을 소개하는 스토리를 들으며 어떤 알파벳을 공부할지, 알파벳에서 소개하는 대표 단어가 무엇인지 알아봅니다.

■☞　　　알파벳의 대문자와 소문자 모양을 기억하기 쉽도록 소개하는 문장을 읽어 보고 대표 단어를 직접 그려 보면서 흥미를 유발합니다.

■☞　　　스티커 붙이기 활동을 통해 해당 알파벳을 인지하도록 돕습니다.

■☞　　　다양한 알파벳을 등장시켜 학습 중인 알파벳과 다른 알파벳을 구분하는 힘을 기릅니다.

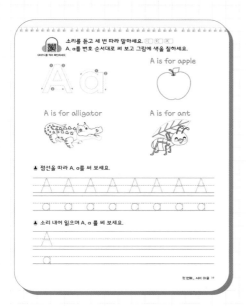

QR코드를 통해 앞서 학습한 알파벳과 대표 단어를 따라 읽으며 소리를 익힙니다. 또 점선을 따라 알파벳을 쓰면서 알파벳의 정확한 모양을 기억합니다.

🎧 **MP3 파일 다운로드**
www.bomiart.com
고객마당 〉 봄이아트 자료실

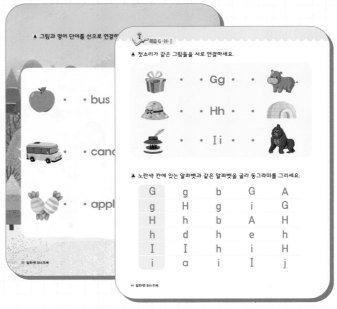

👉 앞에서 배운 내용을 복습합니다. 알파벳의 소리와 대표 단어를 기억하고 있는지 확인하고, 그림과 단어를 연결하면서 해당 단어를 써 보며 복습합니다.

알파벳 Alphabet

 A

 B

 C

 D

 E

 F

 G

 H

 I

 J

 K

 L

 M

 N

 O

차례

학습 계획표

WEEK 1	DAY 1	DAY 2	DAY 3	DAY 4	DAY 5
	A	C	D	F	G
	B	복습	E	복습	H

WEEK 2	DAY 6	DAY 7	DAY 8	DAY 9	DAY 10
	I	J	L	A~L	M
	복습	K	복습	연습문제	N

WEEK 3	DAY 11	DAY 12	DAY 13	DAY 14	DAY 15
	O	P	R	S	U
	복습	Q	복습	T	V

WEEK 4	DAY 16	DAY 17	DAY 18	DAY 19	DAY 20
	복습	X	Z	M~Z	A~Z
	W	Y	복습	연습문제	총정리

QR코드를 찍어 확인하세요.

안녕, 난 Alice야.
안녕, 난 Jack이야.
우리와 함께
여행을 시작해 볼까?

STORY TIME

새로운 왕을 뽑기 위해 알파벳 마을끼리 다투고 있어요.

알파벳 마을을 평화롭게 만들어 줄 왕은 누가 될까요?

Alice와 Jack은 모든 알파벳 마을을 평화롭게 잘 다스릴

대표 왕을 뽑기 위한 여행을 떠날 거예요.

가장 멋지고 훌륭한 왕을 뽑기 위해서 말이에요.

두 친구와 함께 알파벳 마을로 떠나 볼까요?

QR코드를 찍어 확인하세요.

A부터 Z까지 여덟 개의 마을 중 첫 번째는 ABC 마을이에요.

알파벳 대표들이 서로 왕이 되고 싶어 해요.

ABC 마을에서 각각 한 명씩, 모두 세 명의 후보가 나왔어요.

매일 apple을 먹는 ant처럼 부지런한 alligator가 후보예요.

그러자 bus와 ball을 가지고 놀던 butterfly가

자신이 제일 멋지다며 왕이 되겠다고 해요.

또 옆에 있는 car를 타고 맛있는 candy를 먹는 cat이 말해요.

"나처럼 맛있는 것을 먹는 cat이 꼭 왕이 되어야 해!"

Jack과 Alice는 누구를 뽑아야 할지 고민이에요.

Jack

Alice

첫 번째 ABC 마을

Aa

[에이]

안녕, 나는 알파벳 Aa야. 에이라고 불러 줘.
대문자 A는 고깔모자처럼 뾰족해.
소문자 a는 사과처럼 먹음직스럽게 생겼어.

ALLIGATOR

🔔 알파벳을 보고 빈칸에 그림을 따라 그려 보세요.

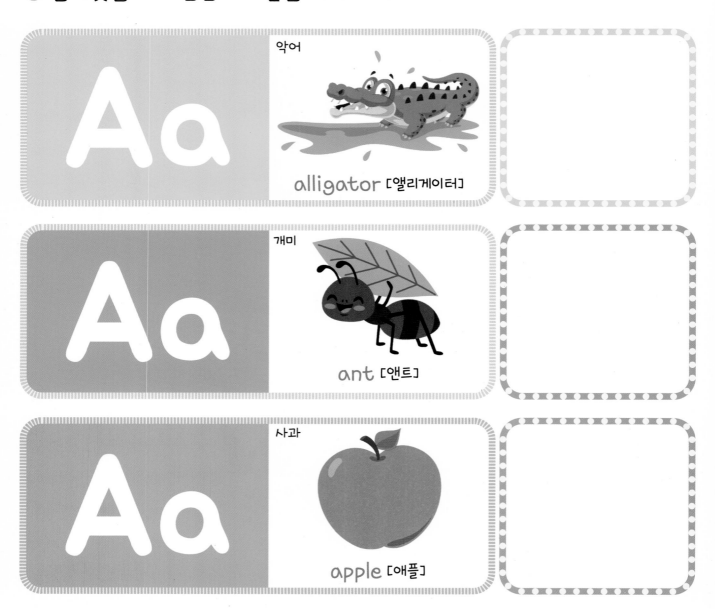

악어
alligator [앨리게이터]

개미
ant [앤트]

사과
apple [애플]

🔔 A, a 스티커를 동그라미 안에 붙이세요. (스티커는 185쪽에 있어요.)

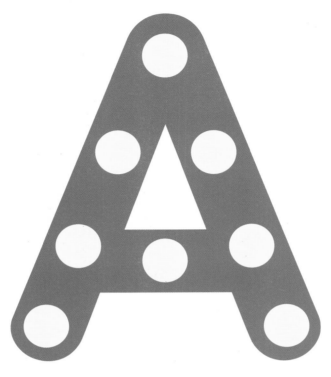

is for apple

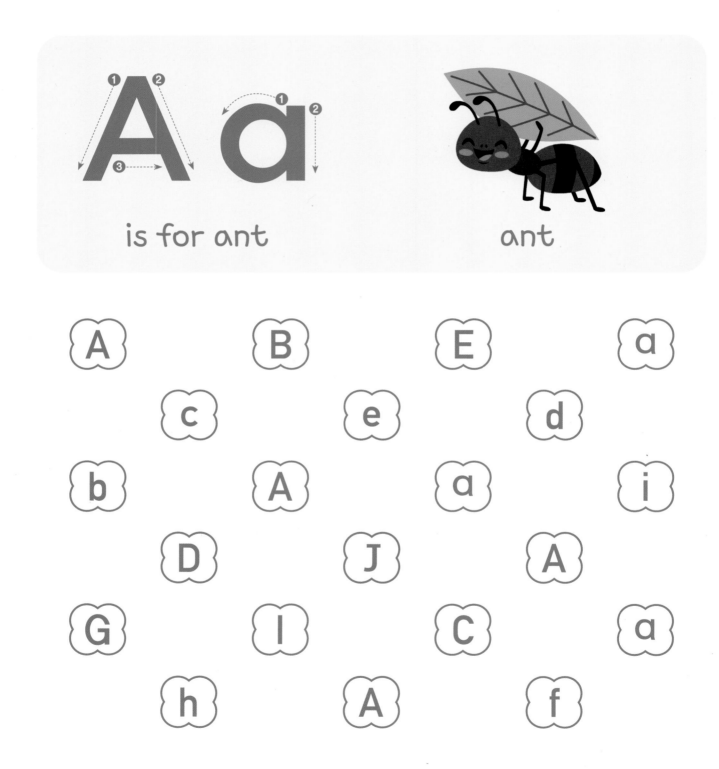

🔺 A, a를 찾아 색을 칠하세요.

A is for ant

ant

A   B   E   a

c   e   d

b   A   a   i

D   J   A

G   I   C   a

h   A   f

QR코드를 찍어 확인하세요.

소리를 듣고 세 번 따라 말하세요. ①☐ ②☐ ③☐
A, a를 번호 순서대로 써 보고 그림에 색을 칠하세요.

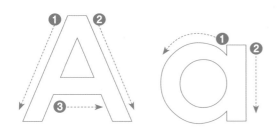

A is for apple

A is for alligator

A is for ant

🔺 점선을 따라 A, a를 써 보세요.

A A A A A A A A A

a a a a a a a a a

🔺 소리 내어 읽으며 A, a 를 써 보세요.

A

a

Bb

[비]

안녕, 나는 알파벳 Bb야. 비라고 불러 줘.
대문자 B는 아빠의 배처럼 두 번 볼록볼록해.
소문자 b는 아가의 배처럼 한 번 볼록해.

BUTTERFLY

🔺 알파벳을 보고 빈칸에 그림을 따라 그려 보세요.

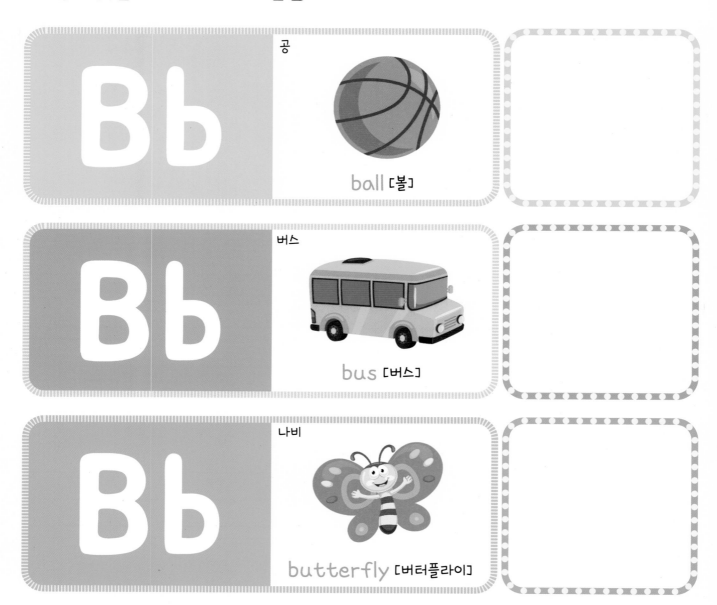

Bb 공
ball [볼]

Bb 버스
bus [버스]

Bb 나비
butterfly [버터플라이]

🔔 B, b 스티커를 동그라미 안에 붙이세요. (스티커는 185쪽에 있어요.)

is for bus

♠ B, b를 찾아 색을 칠하세요.

Bb
is for ball

ball

b   i   B   f

A   h   g

d   B   G   J

b   C   b

a   k   D   B

e   B   E

소리를 듣고 세 번 따라 말하세요. 1️⃣ 2️⃣ 3️⃣

B, b를 번호 순서대로 써 보고 그림에 색을 칠하세요.

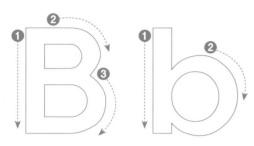

B is for bus

B is for butterfly

B is for ball

🔺 점선을 따라 B, b를 써 보세요.

🔺 소리 내어 읽으며 B, b를 써 보세요.

Cc

[씨]

안녕, 나는 알파벳 Cc야. 씨라고 불러 줘.
대문자 C는 꼬부라진 아빠 새우처럼 생겼어.
소문자 c는 꼬부라진 아기 새우처럼 생겼어.

CAT

🔺 알파벳을 보고 빈칸에 그림을 따라 그려 보세요.

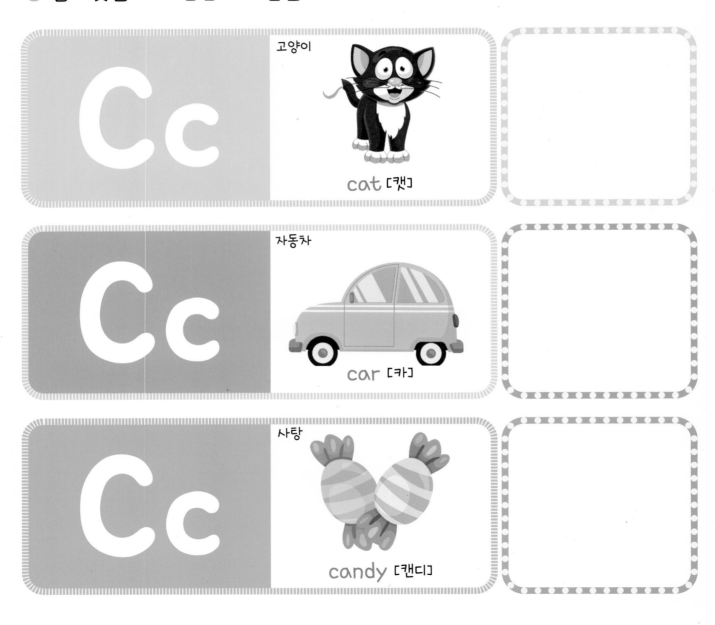

Cc

고양이

cat [캣]

Cc

자동차

car [카]

Cc

사탕

candy [캔디]

♟ C, c 스티커를 동그라미 안에 붙이세요. (스티커는 185쪽에 있어요.)

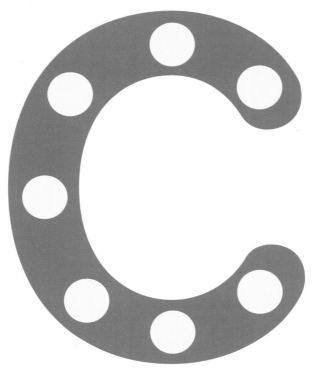

is for cat

♠ C, c를 찾아 색을 칠하세요.

C c
is for car

car

c   A   i   c

g   C   D

C   E   h   k

B   o   j

f   C   C   l

e   G   m

QR코드를 찍어 확인하세요.

소리를 듣고 세 번 따라 말하세요. ①☐ ②☐ ③☐
C, c를 번호 순서대로 써 보고 그림에 색을 칠하세요.

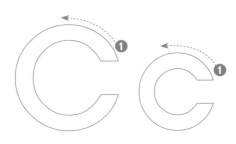

C is for cat

C is for car

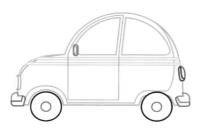

C is for candy

🔺 점선을 따라 C, c를 써 보세요.

C C C C C C C

c c c c c c c

🔺 소리 내어 읽으며 C, c를 써 보세요.

C

c

🔔 첫소리가 같은 그림들을 서로 연결하세요.

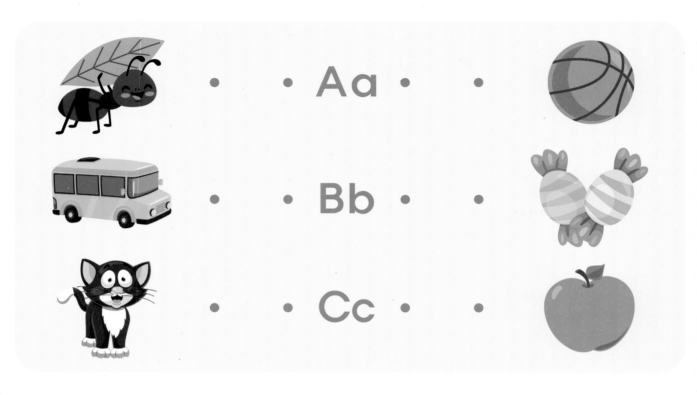

🔔 노란색 칸에 있는 알파벳과 같은 알파벳을 골라 동그라미를 그리세요.

A	a	A	b	C
a	C	B	b	a
B	B	c	A	b
b	D	d	b	B
C	a	C	d	b
c	C	a	c	b

QR코드를 찍어
확인하세요.

소리를 듣고 알맞은 곳에 동그라미를 그리세요.

1 ❶ a ❷ b ❸ c

2 ❶ a ❷ b ❸ c

3 ❶ a ❷ b ❸ c

QR코드를 찍어
확인하세요.

소리를 듣고 알맞은 그림을 고르세요.

1

2

3

그림과 영어 단어를 선으로 연결하고 영어 단어를 적어 보세요.

•   • bus

•   • candy

•   • apple

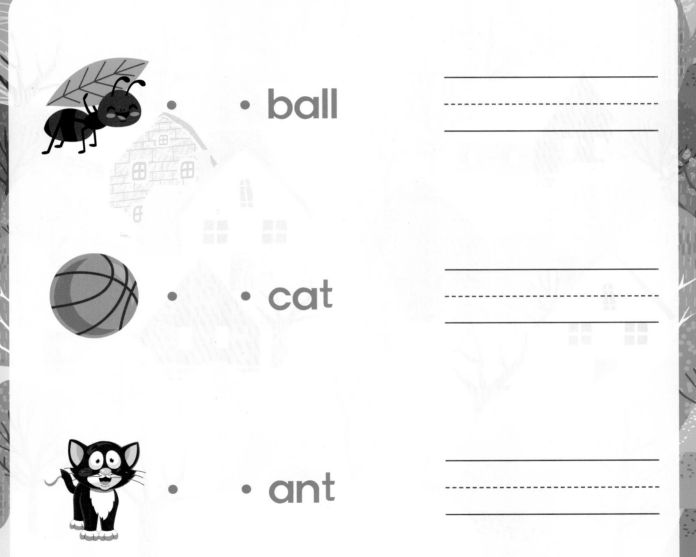

ball

cat

ant

QR코드를 찍어 확인하세요.

Jack과 Alice는 두 번째 마을인 DEF 마을로 갔어요.

dog와 dinosaur 흉내를 아주 잘 내는 개구쟁이 dolphin이

후보로 나섰어요. 그러자 egg를 먹은 elephant가 말했어요.

"나처럼 elbow 팔굽혀펴기를 잘하는 elephant를 본 적 있니?

내가 왕이 되어야 해! 건강한 게 최고라고!"

그때 fly처럼 재미있고 fox처럼 영리하며

수영을 잘하는 fish가 끼어들었어요.

"내가 왕이 되어야 해!

세상에서 가장 수영 잘하는 마을을 만들 거라고."

Jack이 고개를 끄덕이며 맞장구를 쳤어요.

Jack   Alice

두번째 DEF 마을

[디]

안녕, 나는 알파벳 Dd야. 디라고 불러 줘.
대문자 D는 반달 모양처럼 반만 볼록해.
소문자 d는 소문자 b와 반대야.

DOLPHIN

🔔 알파벳을 보고 빈칸에 그림을 따라 그려 보세요.

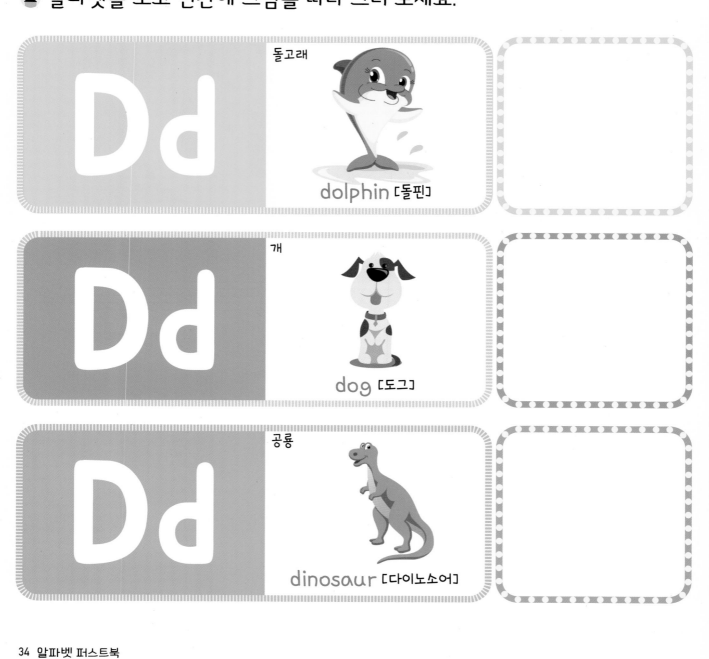

돌고래
dolphin [돌핀]

개
dog [도그]

공룡
dinosaur [다이노소어]

is for dog

D is for dolphin

dolphin

D	D	i	D
d	D	h	
A	L	O	M
B	N	d	
g	d	k	P
e	f	C	

QR코드를 찍어 확인하세요.

소리를 듣고 세 번 따라 말하세요. 1️⃣ 2️⃣ 3️⃣
D, d를 번호 순서대로 써 보고 그림에 색을 칠하세요.

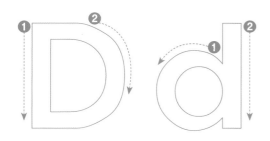

D is for dog

D is for dolphin

D is for dinosaur

🔺 점선을 따라 D, d를 써 보세요.

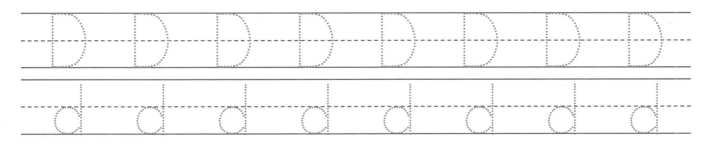

🔺 소리 내어 읽으며 D, d를 써 보세요.

Ee

[이]

안녕, 나는 알파베 Ee야. 이라고 불러 줘.
대문자 E는 한글의 디귿이랑 똑같아.
소문자 e는 사람의 귓바퀴를 닮았어.

ELEPHANT

🔔 알파벳을 보고 빈칸에 그림을 따라 그려 보세요.

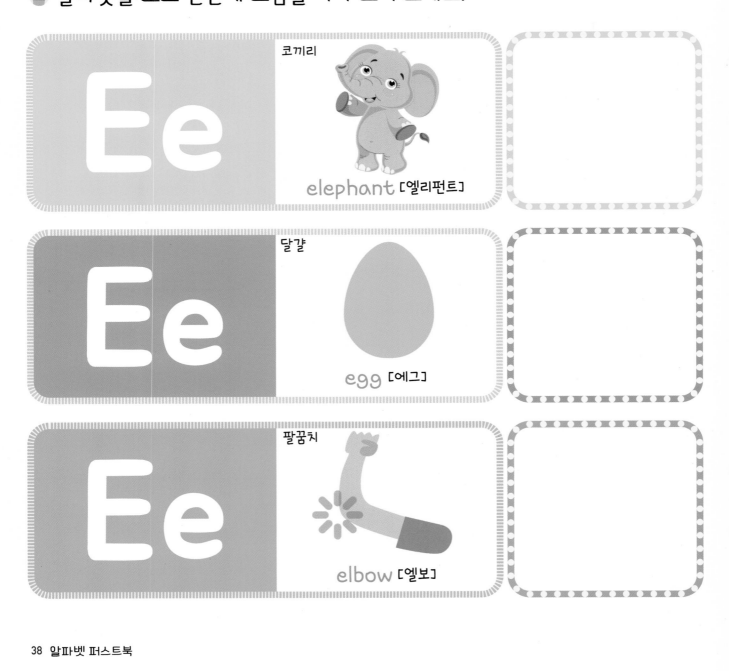

Ee 코끼리

elephant [엘리펀트]

Ee 달걀

egg [에그]

Ee 팔꿈치

elbow [엘보]

♠ E, e 스티커를 동그라미 안에 붙이세요. (스티커는 185쪽에 있어요.)

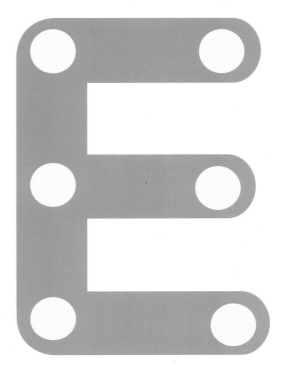

is for egg

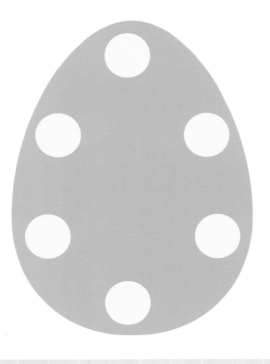

E is for elephant

elephant

s   t   e   E

E   u   e

X   E   d   c

W   e   F

e   b   v   G

a   I   H

QR코드를 찍어 확인하세요.

소리를 듣고 세 번 따라 말하세요. ①☐ ②☐ ③☐
E, e를 번호 순서대로 써 보고 그림에 색을 칠하세요.

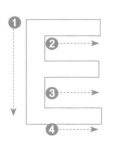

E is for egg

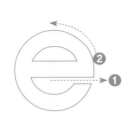

E is for elephant

E is for elbow

🔺 점선을 따라 E, e를 써 보세요.

🔺 소리 내어 읽으며 E, e를 써 보세요.

Ff

[에프]

안녕, 나는 알파벳 Ff야. 에프라고 불러 줘.
대문자 F는 이빨 빠진 칫솔같아.
소문자 f는 지팡이처럼 생겼어.

FLY

🔔 알파벳을 보고 빈칸에 그림을 따라 그려 보세요.

파리
fly [플라이]

물고기
fish [피쉬]

여우
fox [팍스]

is for fox

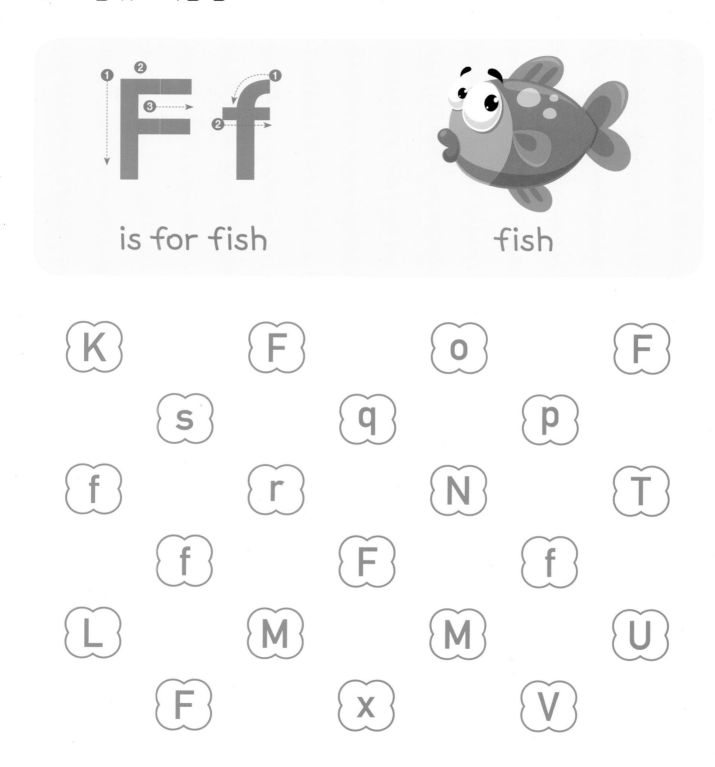

F f

is for fish

fish

K   F   o   F

s   q   p

f   r   N   T

f   F   f

L   M   M   U

F   x   V

QR코드를 찍어 확인하세요.

소리를 듣고 세 번 따라 말하세요. 1️⃣ 2️⃣ 3️⃣

F, f를 번호 순서대로 써 보고 그림에 색을 칠하세요.

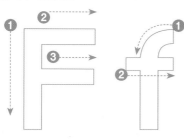

F is for fly

F is for fish

F is for fox

🔺 점선을 따라 F, f를 써 보세요.

🔺 소리 내어 읽으며 F, f를 써 보세요.

복습 D·E·F

🔔 첫소리가 같은 그림들을 서로 연결하세요.

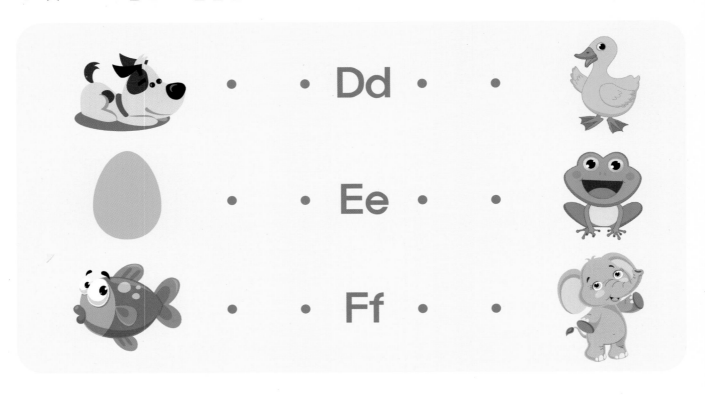

🔔 노란색 칸에 있는 알파벳과 같은 알파벳을 골라 동그라미를 그리세요.

D	e	D	b	d
d	A	b	c	d
E	d	e	F	E
e	e	G	A	b
F	F	e	A	f
f	b	c	f	d

소리를 듣고 알맞은 곳에 동그라미를 그리세요.

1 ❶ d ❷ e ❸ f

2 ❶ d ❷ e ❸ f

3 ❶ d ❷ e ❸ f

소리를 듣고 알맞은 그림을 고르세요.

1

2

3

그림과 영어 단어를 선으로 연결하고 영어 단어를 적어 보세요.

 • • dog

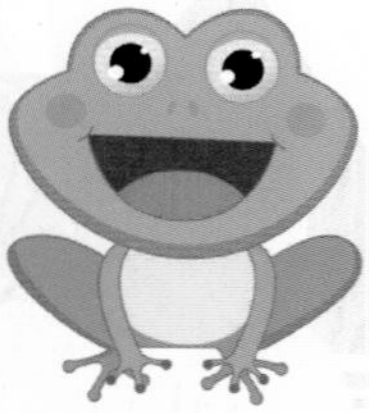

 • • egg

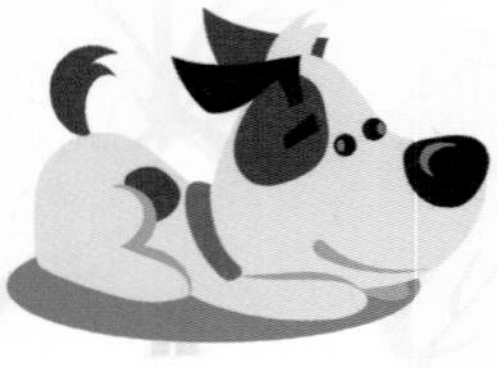

 • • frog

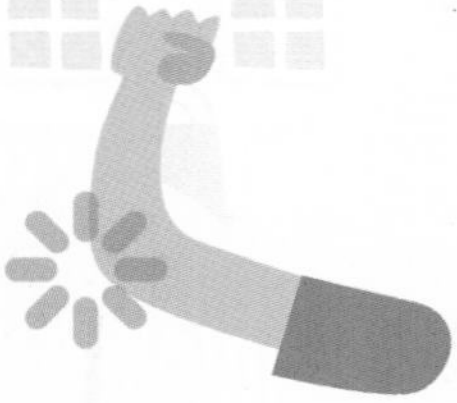

 • • duck

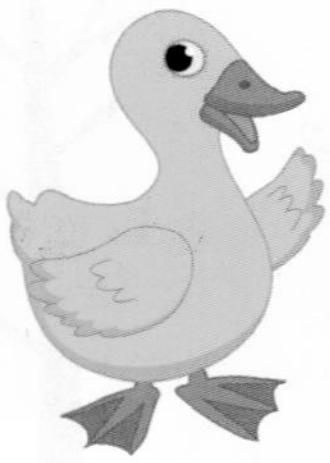

 • • fish

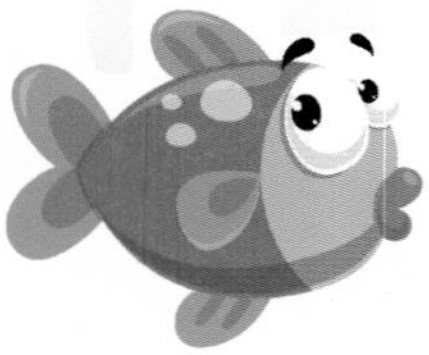

 • • elbow

출발에서 도착까지 알파벳 A~F를 따라 연결하세요.

QR코드를 찍어 확인하세요.

다음으로 세 번째 GHI 마을에 도착했어요.

gift 위에서 gum을 씹으며 멋진 모습을 뽐내는

99살 gorilla 할아버지는 자신이 가장 지혜롭다며

왕이 되어야 한다고 말했어요.

그러자 hat을 쓴 hippo 아주머니가

"왕이 되는 것이 나이와 무슨 상관이 있냐?"며 빨리 달리는

horse 위에서도 말을 잘하는 hippo 자신이 왕이 되어야 한다고 우겼어요.

그때 igloo에서 ink로 글을 쓰는 iguana가 끼어들었어요.

"나처럼 즐거운 이야기를 만들 수 있는 iguana가 왕이 되어야

즐거운 왕국이 돼."라고 주장했지요.

그러자 책 읽기를 좋아하는 Alice가 말했어요.

"맞아! 좋은 책을 쓰는 재주로 알파벳 마을이

모두 즐겁고 지혜로워질 수 있을 것 같아."

Jack   Alice

세 번째 GHI마을

Gg
[쥐]

안녕, 나는 알파벳 Gg야. 쥐라고 불러 줘.
대문자 G는 카트 타는 아이 같아.
소문자 g는 그네 타는 머리 긴 소녀 같아.

GORILLA

🔔 알파벳을 보고 빈칸에 그림을 따라 그려 보세요.

Gg

선물

gift [기프트]

Gg

껌

gum [검]

Gg

고릴라

gorilla [고릴라]

♟ G, g 스티커를 동그라미 안에 붙이세요. (스티커는 185쪽에 있어요.)

is for gift

G, g를 찾아 색을 칠하세요.

G
is for gorilla

gorilla

G   D   g   G

k   g   m

j   l   i   n

E   G   O

g   C   h   g

R   t   P

QR코드를 찍어 확인하세요.

소리를 듣고 세 번 따라 말하세요. 1️⃣ 2️⃣ 3️⃣
G, g를 번호 순서대로 써 보고 그림에 색을 칠하세요.

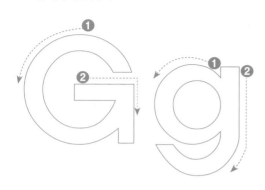

G is for gift

G is for gorilla

G is for gum

🔺 점선을 따라 G, g를 써 보세요.

G G G G G G G G

g g g g g g g

🔺 소리 내어 읽으며 G, g를 써 보세요.

G

g

Hh

[에이치]

안녕, 나는 알파벳 Hh야. 에이치라고 불러 줘.
대문자 H는 사다리처럼 길쭉길쭉해.
소문자 h는 목이 기다란 기린 같아.

HORSE

🔔 알파벳을 보고 빈칸에 그림을 따라 그려 보세요.

말
horse [홀스]

모자
hat [햇]

하마
hippo [히포]

♠ H, h 스티커를 동그라미 안에 붙이세요. [스티커는 187쪽에 있어요.]

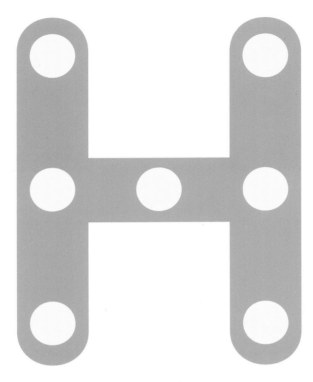

is for hat

🔺 H, h를 찾아 색을 칠하세요.

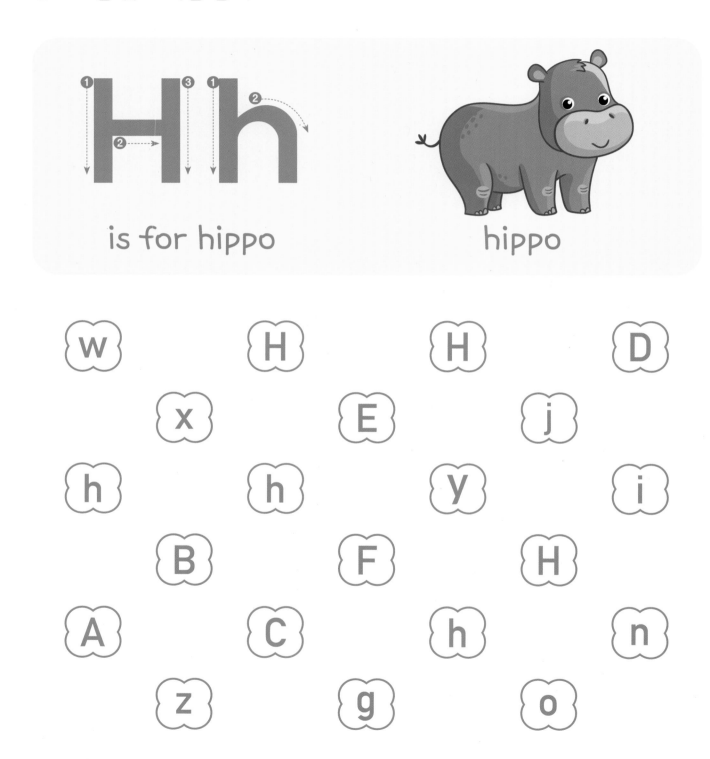

is for hippo

hippo

W	H	H	D
x	E	j
h	h	Y	i
B	F	H
A	C	h	n
z	g	o

소리를 듣고 세 번 따라 말하세요. ①□ ②□ ③□

H, h를 번호 순서대로 써 보고 그림에 색을 칠하세요.

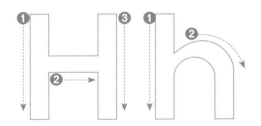

H is for hat

H is for hippo

H is for horse

🔔 점선을 따라 H, h를 써 보세요.

🔔 소리 내어 읽으며 H, h를 써 보세요.

안녕, 나는 알파벳 Ii야. 아이라고 불러 줘.
대문자 I는 개뼈다귀 같아.
소문자 i는 환하게 타오르는 촛불 같아.

IGUANA

[아이]

🔔 알파벳을 보고 빈칸에 그림을 따라 그려 보세요.

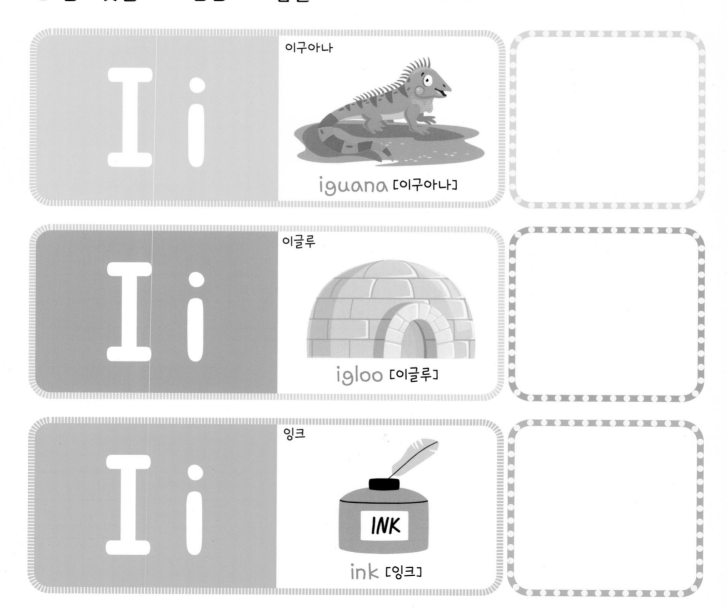

이구아나

iguana [이구아나]

이글루

igloo [이글루]

잉크

ink [잉크]

is for ink

INK

♠ I, i를 찾아 색을 칠하세요.

is for iguana

iguana

I   p   i   x

T   c   u

I   D   I   b

W   i   i

i   Q   E   i

F   v   g

소리를 듣고 세 번 따라 말하세요. ① ② ③
I, i를 번호 순서대로 써 보고 그림에 색을 칠하세요.

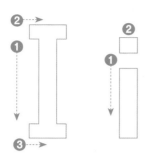

I is for igloo

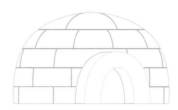

I is for iguana

I is for ink

🔺 점선을 따라 I, i를 써 보세요.

🔺 소리 내어 읽으며 I, i를 써 보세요.

🔔 첫소리가 같은 그림들을 서로 연결하세요.

🔔 노란색 칸에 있는 알파벳과 같은 알파벳을 골라 동그라미를 그리세요.

G	g	b	G	A
g	H	g	i	G
H	h	b	A	H
h	d	h	e	h
I	I	h	i	H
i	a	i	I	j

소리를 듣고 알맞은 곳에 동그라미를 그리세요.

1 ❶ g ❷ h ❸ i

2 ❶ g ❷ h ❸ i

3 ❶ g ❷ h ❸ i

QR코드를 찍어
확인하세요.

소리를 듣고 알맞은 그림을 고르세요.

그림과 영어 단어를 선으로 연결하고 영어 단어를 적어 보세요.

igloo

hippo

gorilla

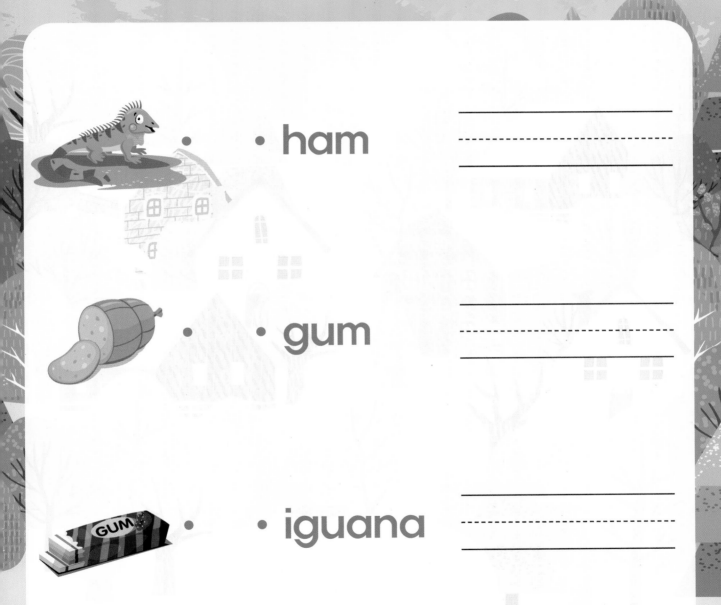

ham

gum

iguana

QR코드를 찍어 확인하세요.

다음은 JKL 마을이에요.

juice와 jelly를 많이 먹은 jet가 왕의 후보로 나왔어요.

지난해의 king이었던 kangaroo는

kiwi를 많이 먹어 건강하다고 자랑했어요.

lemon을 좋아하는 lion과 ladybug는 lemon을

많이 먹어 입술이 노란색이에요.

"건강에 좋은 과일을 많이 먹어야 튼튼한 왕이 될 수 있어."

Jack도 후보들을 따라 lemon을 먹었어요.

"아이 셔! 나는 못 먹겠어."

Jack   Alice

네 번째 JKL 마을

J j

[제이]

안녕, 나는 알파벳 Jj야. 제이라고 불러 줘.
대문자 J는 우산 손잡이 같아.
소문자 j는 고기 잡는 낚싯바늘 같아.

JET

🔔 알파벳을 보고 빈칸에 그림을 따라 그려 보세요.

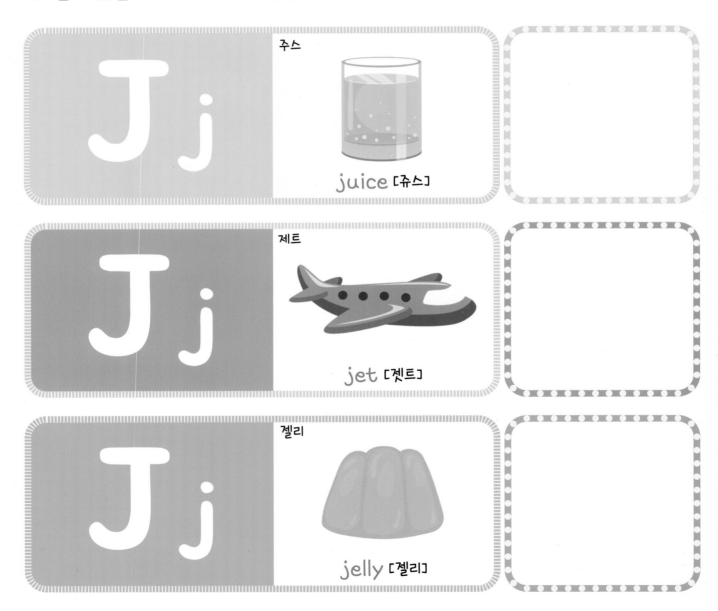

주스
juice [쥬스]

제트
jet [젯트]

젤리
jelly [젤리]

🔔 J, j 스티커를 동그라미 안에 붙이세요. (스티커는 187쪽에 있어요.)

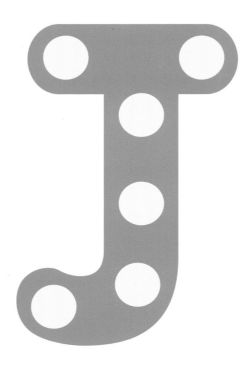

is for juice

J is for jet

jet

j	i	J	i
	h	y	o
J	p	k	N
	r	j	z
L	q	w	J
	J	M	V

QR코드를 찍어 확인하세요.

소리를 듣고 세 번 따라 말하세요. ①☐ ②☐ ③☐
J, j를 번호 순서대로 써 보고 그림에 색을 칠하세요.

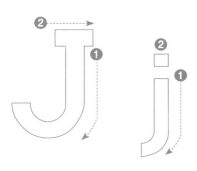

J is for juice

J is for jelly

J is for jet

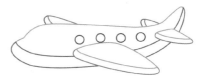

🔺 점선을 따라 J, j를 써 보세요.

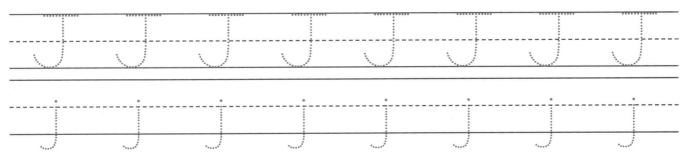

🔺 소리 내어 읽으며 J, j를 써 보세요.

K k

[케이]

🔔 알파벳을 보고 빈칸에 그림을 따라 그려 보세요.

K k 캥거루 kangaroo [캥거루]

K k 키위 kiwi [키위]

K k 왕 king [킹]

is for king

🔺 K, k를 찾아 색을 칠하세요.

K k
is for kiwi

kiwi

k   E   K   k

o   d   R

a   K   k   j

h   i   b

k   S   k   G

L   c   p

QR코드를 찍어 확인하세요.

소리를 듣고 세 번 따라 말하세요. ①☐ ②☐ ③☐

K, k를 번호 순서대로 써 보고 그림에 색을 칠하세요.

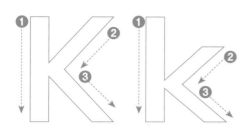

K is for king

K is for kangaroo

K is for kiwi

🔺 점선을 따라 K, k를 써 보세요.

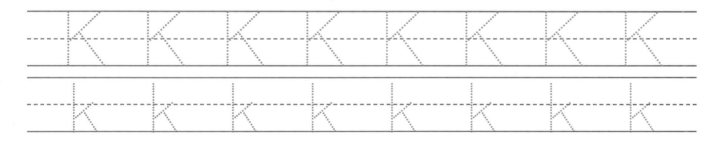

🔺 소리 내어 읽으며 K, k를 써 보세요.

Ll

[엘]

안녕, 나는 알파벳 Ll이야. 엘이라고 불러 줘.
대문자 L은 각이 잡힌 책상 모서리 같아.
소문자 l은 야구 선수의 야구 방망이 같아.

LION

🔔 알파벳을 보고 빈칸에 그림을 따라 그려 보세요.

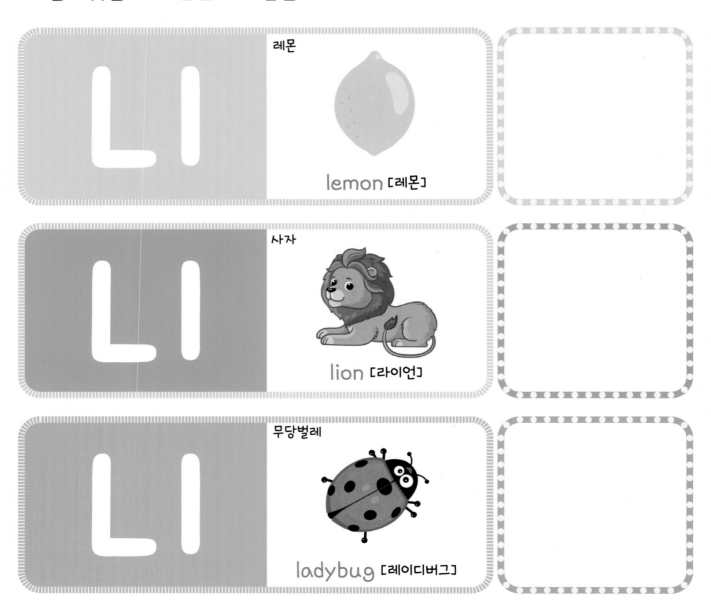

Ll | 레몬 |
lemon [레몬]

Ll | 사자 |
lion [라이언]

Ll | 무당벌레 |
ladybug [레이디버그]

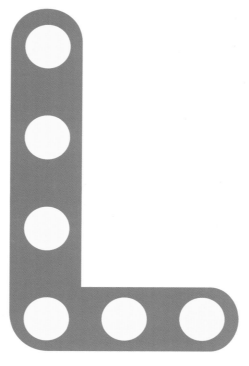

🔺 L, l 스티커를 동그라미 안에 붙이세요. (스티커는 187쪽에 있어요.)

is for lion

▲ L, l을 찾아 색을 칠하세요.

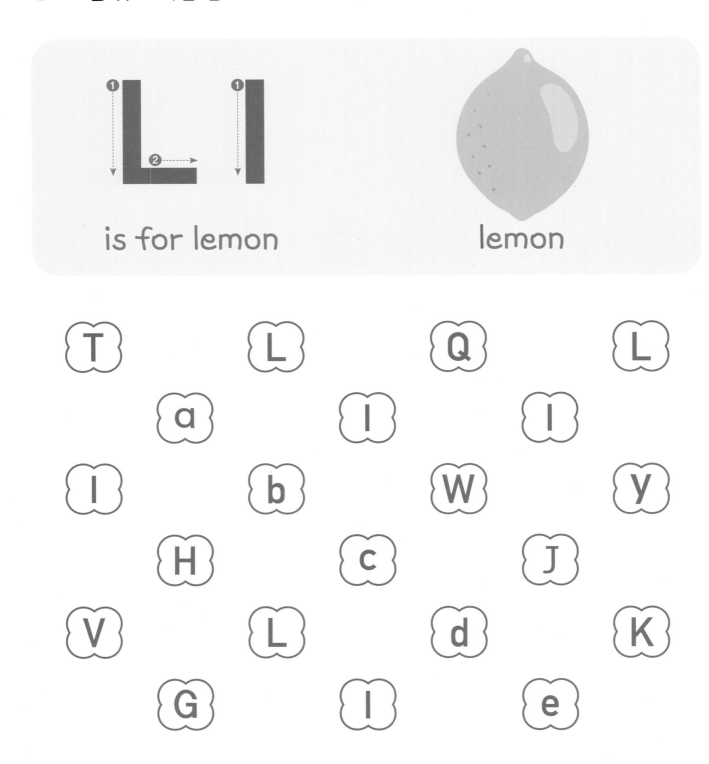

is for lemon

lemon

T   L   Q   L

a   I   I

I   b   W   y

H   c   J

V   L   d   K

G   I   e

QR코드를 찍어 확인하세요.

소리를 듣고 세 번 따라 말하세요. ①☐ ②☐ ③☐

L, l을 번호 순서대로 써 보고 그림에 색을 칠하세요.

L is for lion

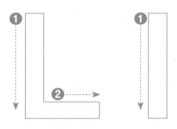

L is for lemon

L is for ladybug

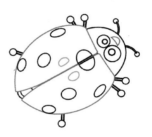

🔺 점선을 따라 L, l을 써 보세요.

🔺 소리 내어 읽으며 L, l을 써 보세요.

🔔 첫소리가 같은 그림들을 서로 연결하세요.

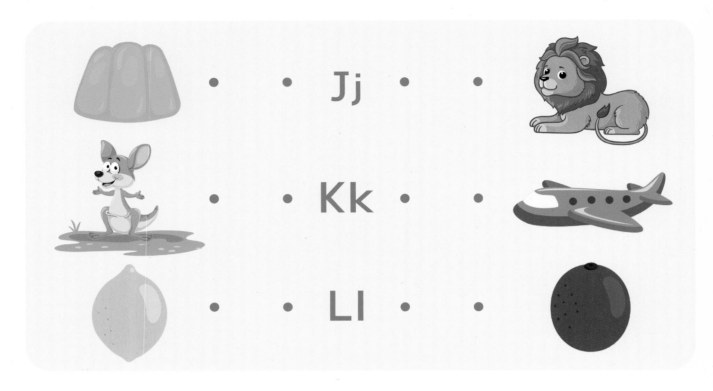

🔔 노란색 칸에 있는 알파벳과 같은 알파벳을 골라 동그라미를 그리세요.

J	I	J	h	J
j	J	i	j	b
K	e	K	k	F
k	K	B	k	e
L	b	L	B	l
l	L	d	I	G

QR코드를 찍어
확인하세요.

소리를 듣고 알맞은 곳에 동그라미를 그리세요.

1 **①** j **②** k **③** l

2 **①** j **②** k **③** l

3 **①** j **②** k **③** l

QR코드를 찍어
확인하세요.

소리를 듣고 알맞은 그림을 고르세요.

1

2

3

그림과 영어 단어를 선으로 연결하고 영어 단어를 적어 보세요.

lion

kiwi

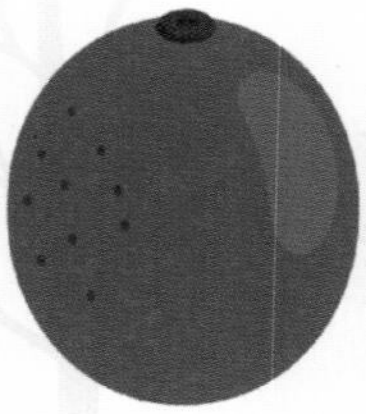

jet

lemon

kangaroo

jelly

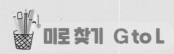

🔔 출발에서 도착까지 알파벳 G~L을 따라 연결하세요.

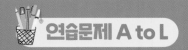

연습문제 A to L

첫 알파벳 다음의 빈칸에 들어갈 알맞은 알파벳을 적어 보세요.

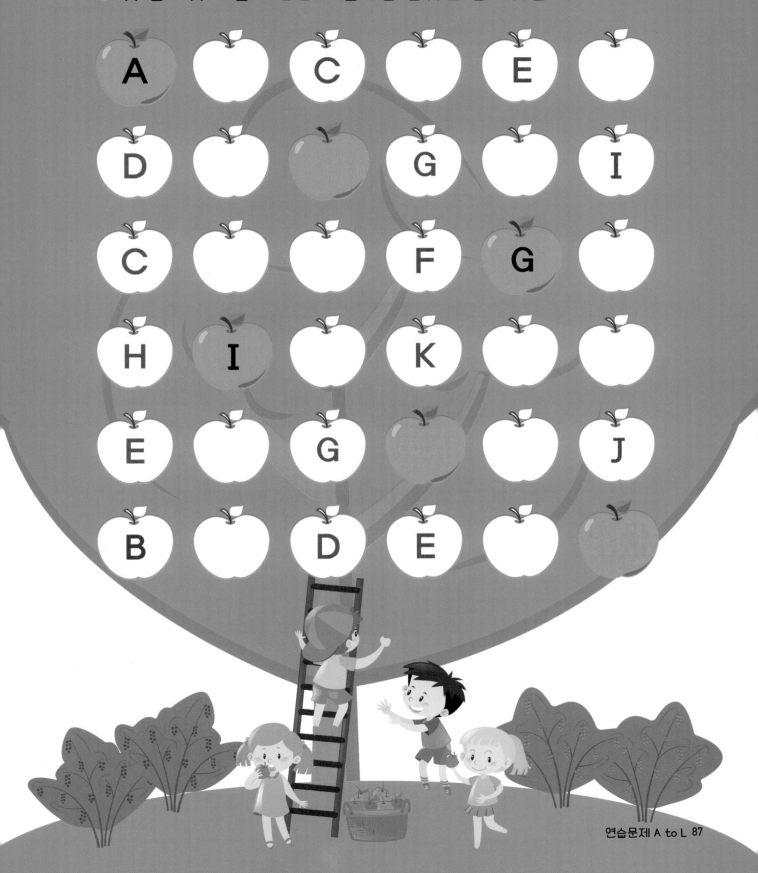

QR코드를 찍어 확인하세요.

다섯 번째로 MNO 마을을 찾았어요.

재주꾼 monkey와 개구쟁이 monster

그리고 빛나는 moon이 달리기 연습을 하고 있어요.

달리기를 잘하는 것도 왕이 되기 위해 아주 중요하다고 말하면서요.

nest 안에서 net의 냄새를 맡는 nose도

냄새 잘 맡는 왕이 최고라고 주장했어요.

그 옆으로는 ostrich와 octopus가 맛있는 orange를 까먹으며

즐거운 시간을 보내고 있어요.

그들은 왕이 되려면 잘 먹고 튼튼해야 한다고 생각하지요.

Jack

Alice

다섯 번째 MNO 마을

안녕, 나는 알파벳 Mm이야. 엠이라고 불러 줘.
대문자 M은 솟아 있는 높은 산 같아.
소문자 m은 귀여운 원숭이 엉덩이 같아.

MONKEY

Mm
[엠]

🔔 알파벳을 보고 빈칸에 그림을 따라 그려 보세요.

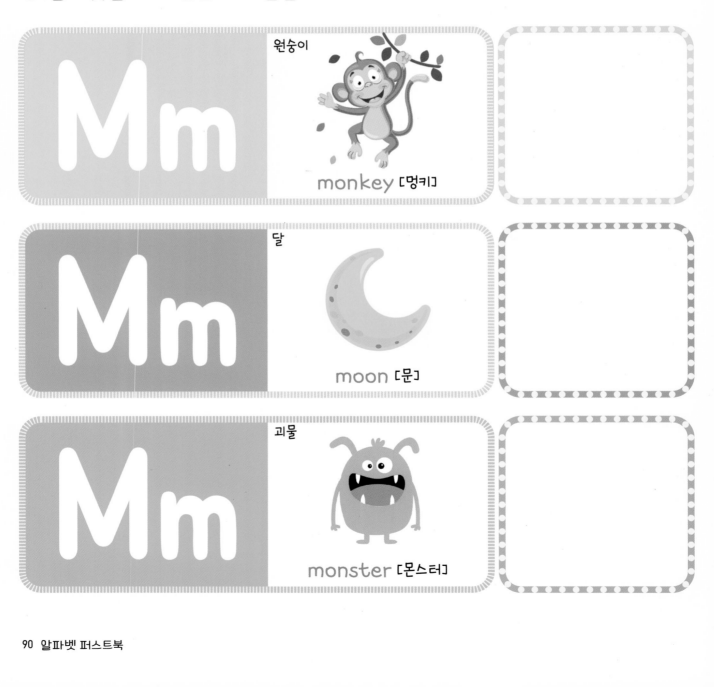

원숭이
monkey [멍키]

달
moon [문]

괴물
monster [몬스터]

is for monkey

⛰ M, m을 찾아 색을 칠하세요.

M m is for monster

monster

QR코드를 찍어 확인하세요.

소리를 듣고 세 번 따라 말하세요. ①□ ②□ ③□
M, m을 번호 순서대로 써 보고 그림에 색을 칠하세요.

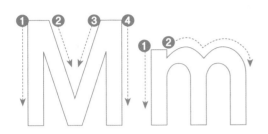

M is for monster

M is for monkey

M is for moon

🔺 점선을 따라 M, m을 써 보세요.

M M M M M M M M M

m m m m m m m m m

🔺 소리 내어 읽으며 M, m을 써 보세요.

M

m

Nn

[엔]

안녕, 나는 알파벳 Nn이야. 엔이라고 불러 줘.
대문자 N은 삐죽삐죽 번개처럼 생겼어.
소문자 n은 기분 좋을 때 웃는 눈 모양 같아.

NET

🔺 알파벳을 보고 빈칸에 그림을 따라 그려 보세요.

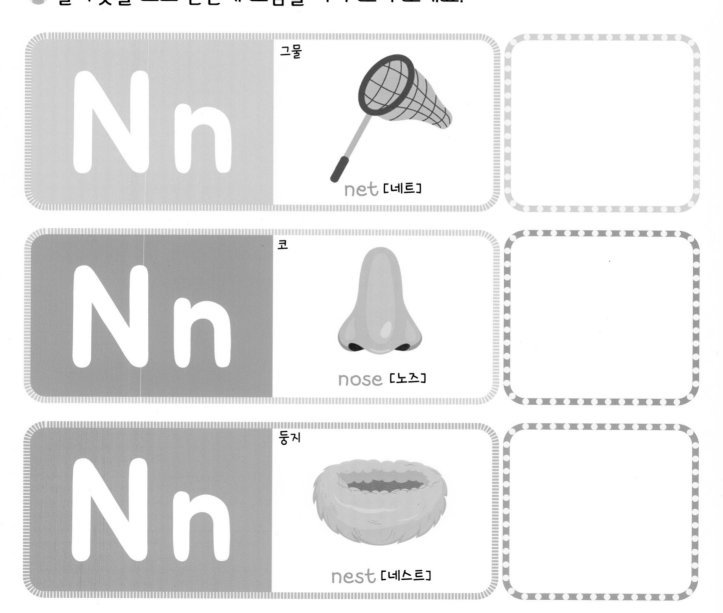

그물
net [네트]

코
nose [노즈]

둥지
nest [네스트]

is for nose

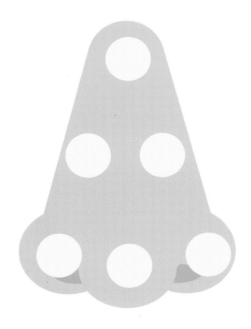

N n
is for net

net

n   N   i   N

K   J   h

L   m   n   q

n   o   g

N   N   o   r

S   n   f

QR코드를 찍어 확인하세요.

소리를 듣고 세 번 따라 말하세요. ① ② ③

N, n을 번호 순서대로 써 보고 그림에 색을 칠하세요.

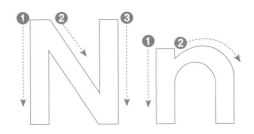

N is for net

N is for nose

N is for nest

🔺 점선을 따라 N, n을 써 보세요.

N N N N N N N N

n n n n n n n

🔺 소리 내어 읽으며 N, n을 써 보세요.

N

n

Oo

[오]

안녕, 나는 알파벳 Oo야. 오라고 불러 줘.
대문자 O는 문어의 머리처럼 크고 둥글어.
소문자 o는 오렌지처럼 작고 동글동글해.

OCTOPUS

🔺 알파벳을 보고 빈칸에 그림을 따라 그려 보세요.

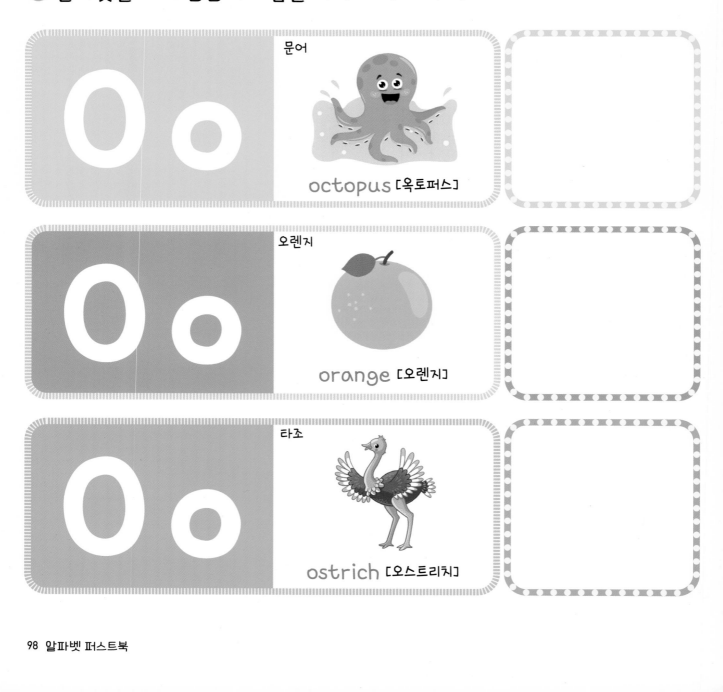

문어

octopus [옥토퍼스]

오렌지

orange [오렌지]

타조

ostrich [오스트리치]

O, o 스티커를 동그라미 안에 붙이세요. (스티커는 189쪽에 있어요.)

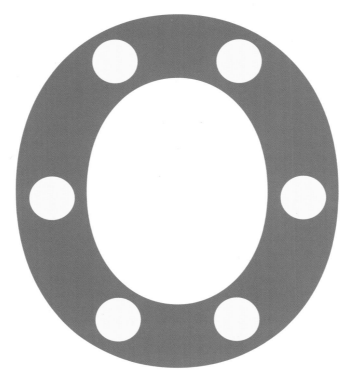

is for octopus

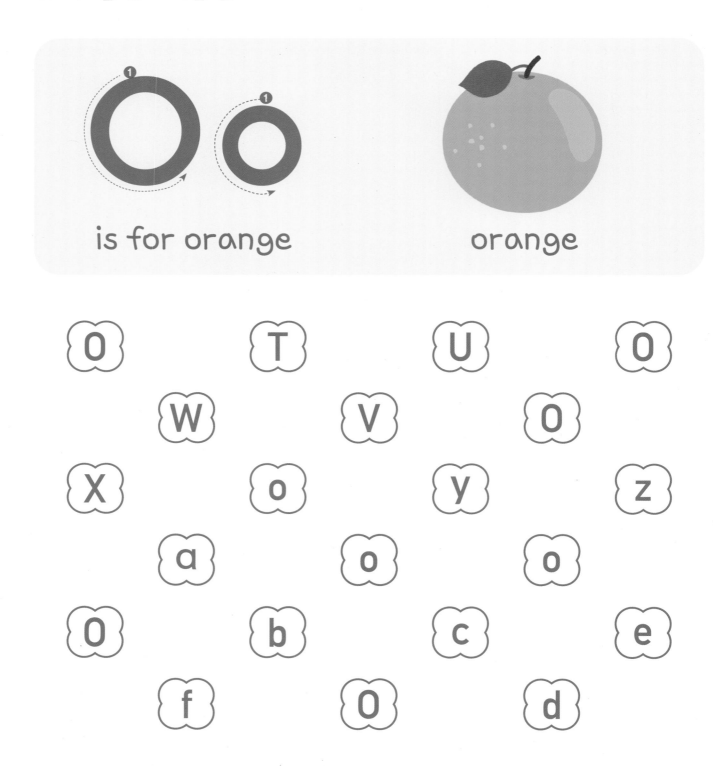

is for orange

orange

O T U O

W V O

X o y z

a o o

O b c e

f O d

소리를 듣고 세 번 따라 말하세요. ① ② ③
O, o를 번호 순서대로 써 보고 그림에 색을 칠하세요.

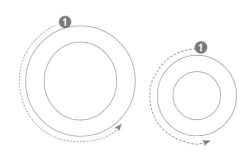

O is for octopus

O is for orange

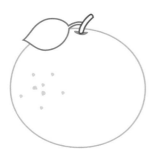

O is for ostrich

🔺 점선을 따라 O, o를 써 보세요.

🔺 소리 내어 읽으며 O, o를 써 보세요.

🔔 첫소리가 같은 그림들을 서로 연결하세요.

🔔 노란색 칸에 있는 알파벳과 같은 알파벳을 골라 동그라미를 그리세요.

M	M	H	n	L
m	M	a	m	n
N	M	N	m	n
n	n	m	a	N
O	O	D	B	o
o	a	o	c	O

QR코드를 찍어
확인하세요.

소리를 듣고 알맞은 곳에 동그라미를 그리세요.

⭐1　❶ m　❷ n　❸ o

⭐2　❶ m　❷ n　❸ o

⭐3　❶ m　❷ n　❸ o

QR코드를 찍어
확인하세요.

소리를 듣고 알맞은 그림을 고르세요.

⭐1　　　

⭐2　　　

⭐3　　　

그림과 영어 단어를 선으로 연결하고 영어 단어를 적어 보세요.

• • orange

_____
- - - - - - - - - - - - -
_____

• • monkey

_____
- - - - - - - - - - - - -
_____

• nose

_____
- - - - - - - - - - - - -
_____

net

monster

octopus

QR코드를 찍어 확인하세요.

다음으로 Jack과 Alice가 찾아간 곳은 PQR 마을이에요.

이곳에는 rainbow 색의 rabbit 모양 robot이 있어요.

또한 penguin과 사이가 좋은 panda와 pig가 맛있는 점심을 먹고 있어요.

queen과 quail은 함께 question을 풀고 있고요.

그들은 지식이 많아 똑똑한 알파벳 왕국을 만들고 싶어 하지요.

"와! 정말 이렇게 문제를 많이 풀고 공부하면 알파벳 마을이

모두 똑똑해지겠는걸! Alice, 우리도 함께 문제를 풀어 볼까?"

"너무 어려워! 우리는 왕이 될 수가 없겠어.

빨리 다음 마을로 달려가 보자.

어떤 알파벳이 우리를 기다리고 있을까? 신난다!"

Alice가 즐거운 표정을 지으며 말했어요.

Jack

Alice

여섯 번째 PQR 마을

P p
[피]

안녕, 나는 알파벳 Pp야. 피라고 불러 줘.
대문자 P는 메롱 하는 엄마의 입처럼 생겼어.
소문자 p는 메롱 하는 아기의 입처럼 생겼어.

PENGUIN

🔔 알파벳을 보고 빈칸에 그림을 따라 그려 보세요.

펭귄
penguin [펭귄]

돼지
pig [피그]

판다
panda [판다]

🔔 P, p 스티커를 동그라미 안에 붙이세요.〔스티커는 189쪽에 있어요.〕

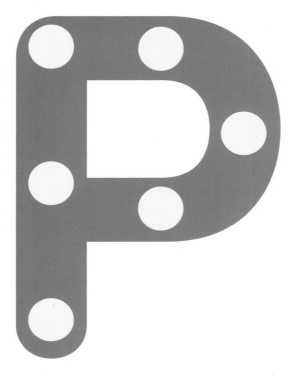

is for panda

♠ P, p를 찾아 색을 칠하세요.

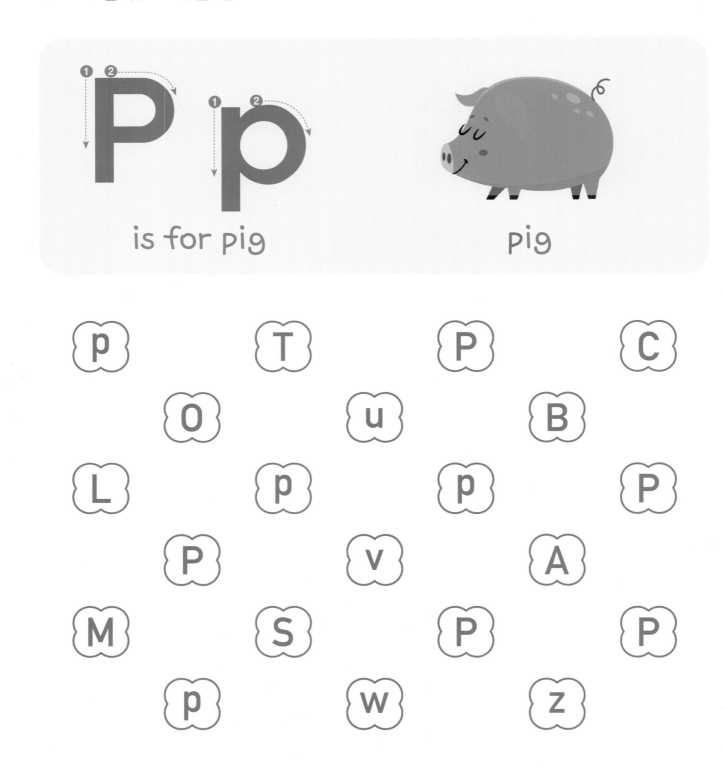

P p
is for pig

pig

p	T	P	C
O	u	B	
L	p	p	P
P	v	A	
M	S	P	P
p	W	Z	

QR코드를 찍어 확인하세요.

소리를 듣고 세 번 따라 말하세요. ①☐ ②☐ ③☐
P, p를 번호 순서대로 써 보고 그림에 색을 칠하세요.

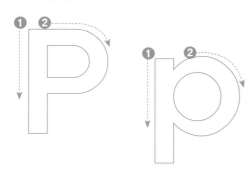

P is for panda

P is for pig

P is for penguin

🔺 점선을 따라 P, p를 써 보세요.

P P P P P P P P P

p p p p p p p p p

🔺 소리 내어 읽으며 P, p를 써 보세요.

P

p

Q q

[큐]

안녕, 나는 알파벳 Qq야. 큐라고 불러 줘.
대문자 Q는 긴 코를 가진 코끼리 얼굴처럼 생겼어.
소문자 q는 불룩 나온 아빠의 배 같아.

QUAIL

🔔 알파벳을 보고 빈칸에 그림을 따라 그려 보세요.

메추리
quail [퀘일]

여왕
queen [퀸]

질문
question [퀘스천]

is for queen

Q   q

is for quail   quail

Q   j   K   Q

A   q   L

f   B   N   M

q   C   q

q   Q   D   O

P   g   E

QR코드를 찍어 확인하세요.

소리를 듣고 세 번 따라 말하세요. ① ② ③
Q, q를 번호 순서대로 써 보고 그림에 색을 칠하세요.

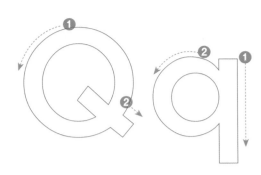

Q is for queen

Q is for quail

Q is for question

🔺 점선을 따라 Q, q를 써 보세요.

🔺 소리 내어 읽으며 Q, q를 써 보세요.

안녕, 나는 알파벳 Rr이야. 알이라고 불러 줘.
대문자 R은 선물 상자 위의 리본처럼 생겼어.
소문자 r은 토끼의 구부러진 귀처럼 생겼어.

RABBIT

[알]

🔔 알파벳을 보고 빈칸에 그림을 따라 그려 보세요.

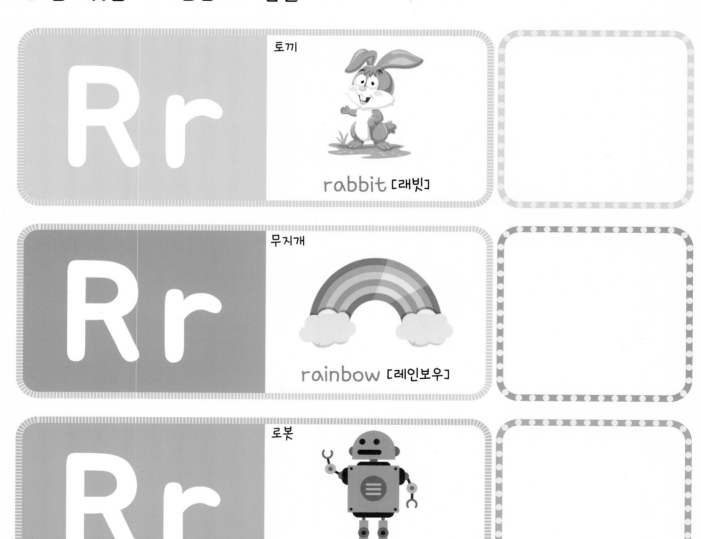

R r   토끼

rabbit [래빗]

R r   무지개

rainbow [레인보우]

R r   로봇

robot [로봇]

♠ R, r 스티커를 동그라미 안에 붙이세요. (스티커는 189쪽에 있어요.)

is for rabbit

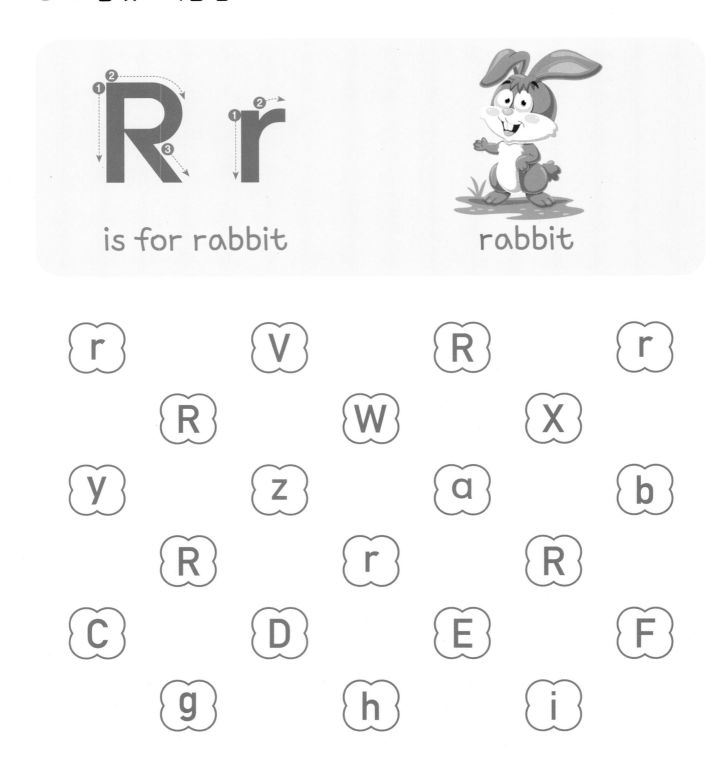

R r is for rabbit

rabbit

r V R r

R W X

y z a b

R r R

C D E F

g h i

QR코드를 찍어 확인하세요.

소리를 듣고 세 번 따라 말하세요. ① ② ③
R, r을 번호 순서대로 써 보고 그림에 색을 칠하세요.

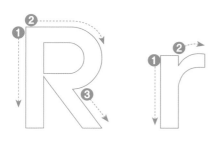

R is for rabbit

R is for rainbow

R is for robot

🔺 점선을 따라 R, r을 써 보세요.

R R R R R R R R

r r r r r r r r

🔺 소리 내어 읽으며 R, r을 써 보세요.

R

r

🔔 첫소리가 같은 그림들을 서로 연결하세요.

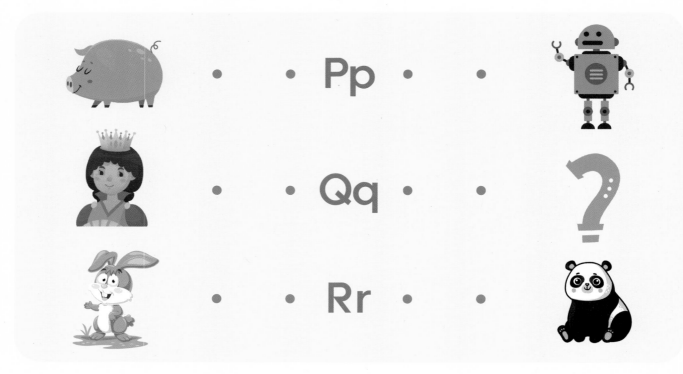

🔔 노란색 칸에 있는 알파벳과 같은 알파벳을 골라 동그라미를 그리세요.

P	p	i	g	P
p	b	d	p	q
Q	Q	u	i	z
q	p	q	b	d
R	B	R	D	b
r	R	e	d	r

QR코드를 찍어
확인하세요.

소리를 듣고 알맞은 곳에 동그라미를 그리세요.

1 ❶ p ❷ q ❸ r

2 ❶ p ❷ q ❸ r

3 ❶ p ❷ q ❸ r

QR코드를 찍어
확인하세요.

소리를 듣고 알맞은 그림을 고르세요.

1

2

3

그림과 영어 단어를 선으로 연결하고 영어 단어를 적어 보세요.

rabbit

pig

panda

queen

robot

question

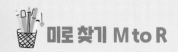
🔺 출발에서 도착까지 알파벳 M~R을 따라 연결하세요.

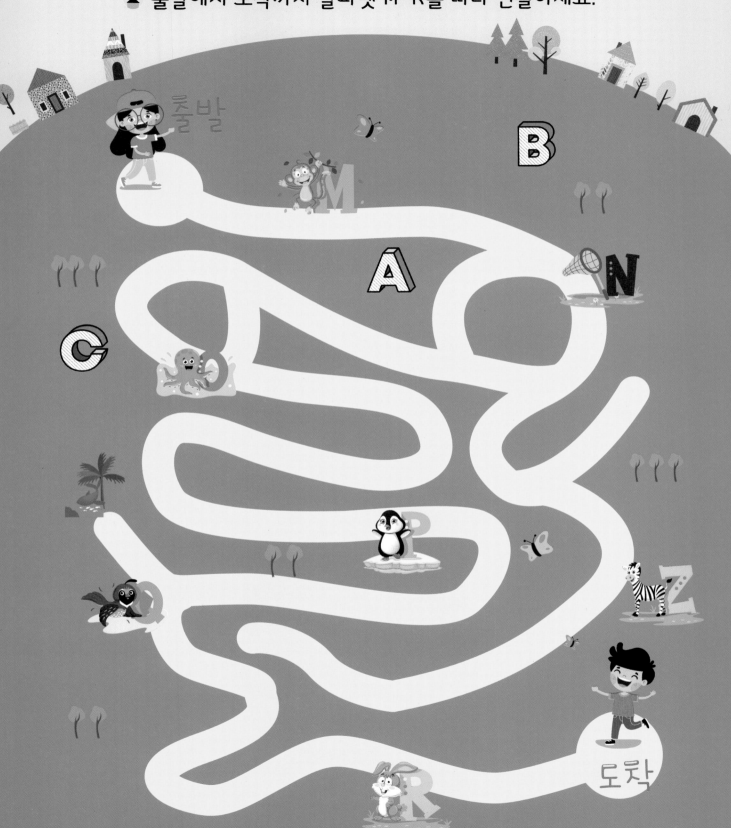

QR코드를 찍어 확인하세요.

힘든 고개를 넘고 도착한 곳은 일곱 번째 STUV 마을이에요.

sausage를 좋아하는 snake가 sun 아래에서 말하기 훈련을 하고 있어요.

turtle도 tree 아래 tent에서 토론을 하며

왕이 되기 위한 준비를 하고 있어요.

그들은 up(위)로 올라가지 말고 umbrella under(아래)로 내려와

더위를 식히라고 뱀들에게 충고를 해 주고 있어요.

바로 그때 van을 탄 vegetable이 아름다운 violin을 연주하며

예술을 사랑하는 것이 진정한 왕이라고 말을 하네요.

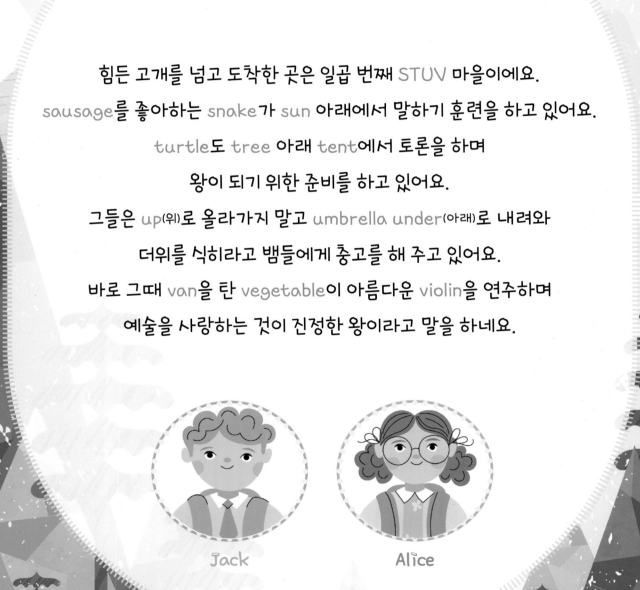

Jack   Alice

일곱 번째 STUV 마을

S s
[에스]

안녕, 나는 알파벳 Ss야. 에스라고 불러 줘.
대문자 S는 뱀처럼 구불구불해.
소문자 s는 지렁이처럼 구불구불해.

SNAKE

🔔 알파벳을 보고 빈칸에 그림을 따라 그려 보세요.

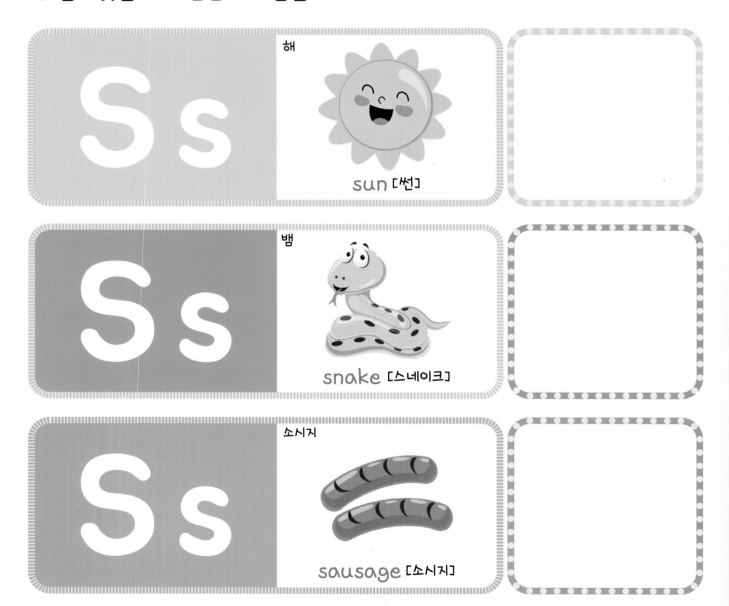

해
S s
sun [썬]

뱀
S s
snake [스네이크]

소시지
S s
sausage [소시지]

S, s 스티커를 동그라미 안에 붙이세요. (스티커는 189쪽에 있어요.)

is for sun

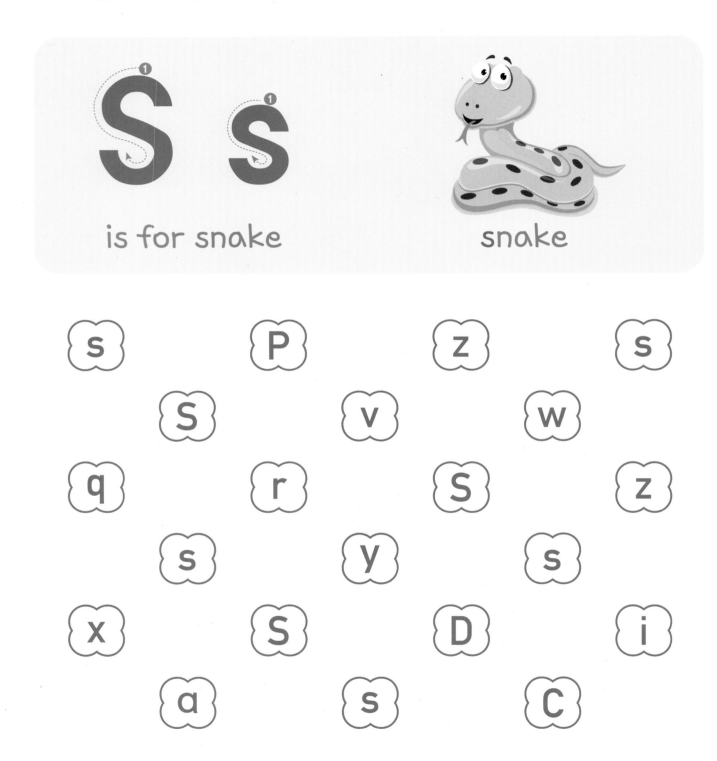

S s
is for snake

snake

s P z s

S v w

q r S z

s y s

x S D i

a s C

소리를 듣고 세 번 따라 말하세요. ①☐ ②☐ ③☐

S, s를 번호 순서대로 써 보고 그림에 색을 칠하세요.

S is for sausage

S is for sun

S is for snake

🔺 점선을 따라 S, s를 써 보세요.

S S S S S S S

S S S S S S S

🔺 소리 내어 읽으며 S, s를 써 보세요.

S

s

T t

[티]

안녕, 나는 알파벳 Tt야. 티라고 불러 줘.
대문자 T는 티셔츠처럼 생겼어.
소문자 t는 끝이 구부러진 십자가처럼 생겼어.

TURTLE

🐢 알파벳을 보고 빈칸에 그림을 따라 그려 보세요.

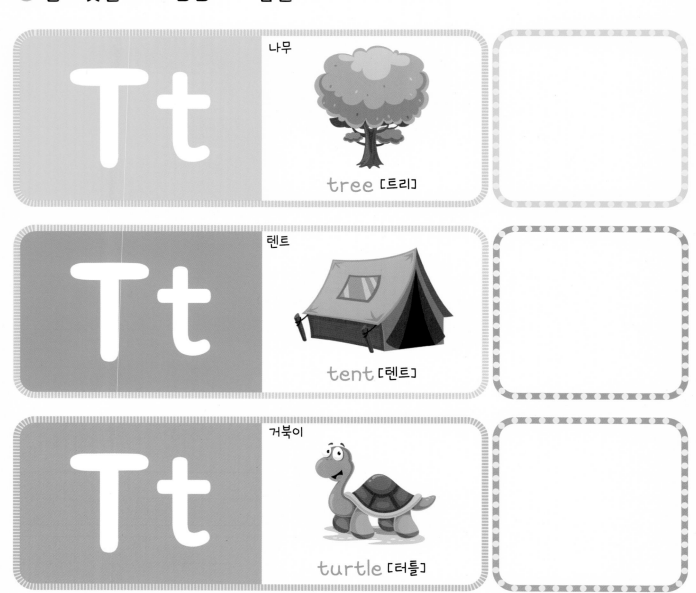

T t   나무
tree [트리]

T t   텐트
tent [텐트]

T t   거북이
turtle [터틀]

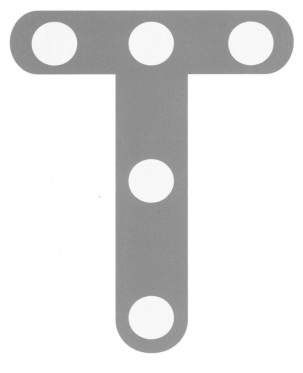

is for tree

🔺 T, t를 찾아 색을 칠하세요.

is for tent

tent

t   k   T   T

j   T   I

t   O   P   Q

t   t   R

S   U   V   T

T   x   y

QR코드를 찍어 확인하세요.

소리를 듣고 세 번 따라 말하세요. ①⃝ ②⃝ ③⃝
T, t를 번호 순서대로 써 보고 그림에 색을 칠하세요.

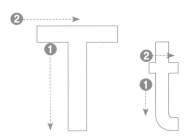

T is for tent

T is for tree

T is for turtle

🔺 점선을 따라 T, t를 써 보세요.

🔺 소리 내어 읽으며 T, t를 써 보세요.

Uu

[유]

UMBRELLA

안녕, 나는 알파벳 Uu야. 유라고 불러 줘.
대문자 U는 웃고 있는 얼굴 모양처럼 생겼어.
소문자 u는 달걀처럼 작고 동글해.

🔔 알파벳을 보고 빈칸에 그림을 따라 그려 보세요.

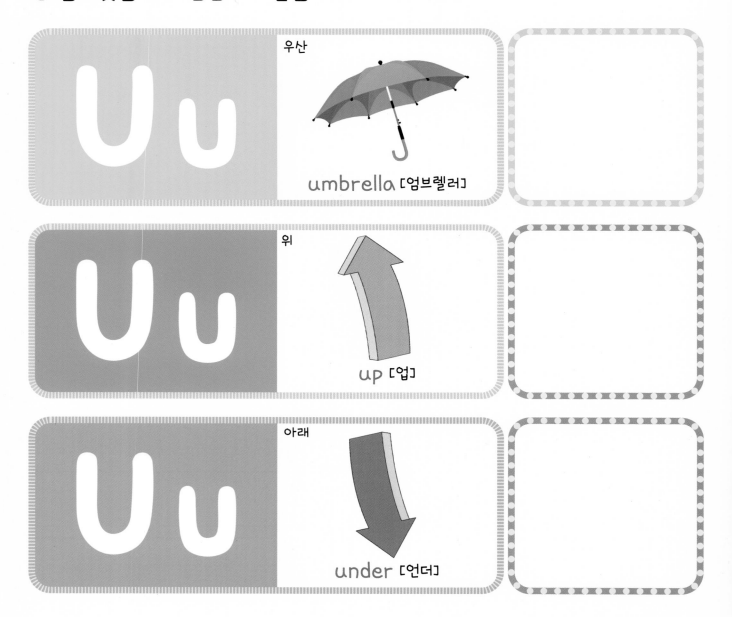

우산

umbrella [엄브렐러]

위

up [업]

아래

under [언더]

🔺 U, u 스티커를 동그라미 안에 붙이세요. (스티커는 189쪽에 있어요.)

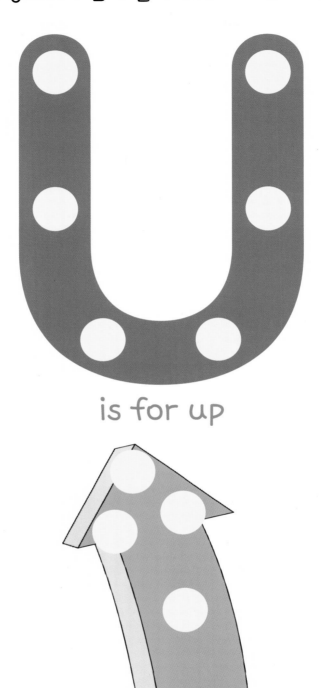

is for up

U u
is for umbrella

umbrella

U a U r
b l J
e u f K
c H o
u U u U
d n U

QR코드를 찍어 확인하세요.

소리를 듣고 세 번 따라 말하세요. ①☐ ②☐ ③☐
U, u를 번호 순서대로 써 보고 그림에 색을 칠하세요.

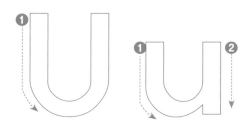

U is for umbrella

U is for up

U is for under

🔺 점선을 따라 U, u를 써 보세요.

🔺 소리 내어 읽으며 U, u를 써 보세요.

Vv

[브이]

안녕, 나는 알파벳 Vv야. 브이라고 불러 쥐.
대문자 V는 꽃받침 하는 손처럼 커.
소문자 v는 손가락 브이처럼 작아.

VEGETABLE

🔔 알파벳을 보고 빈칸에 그림을 따라 그려 보세요.

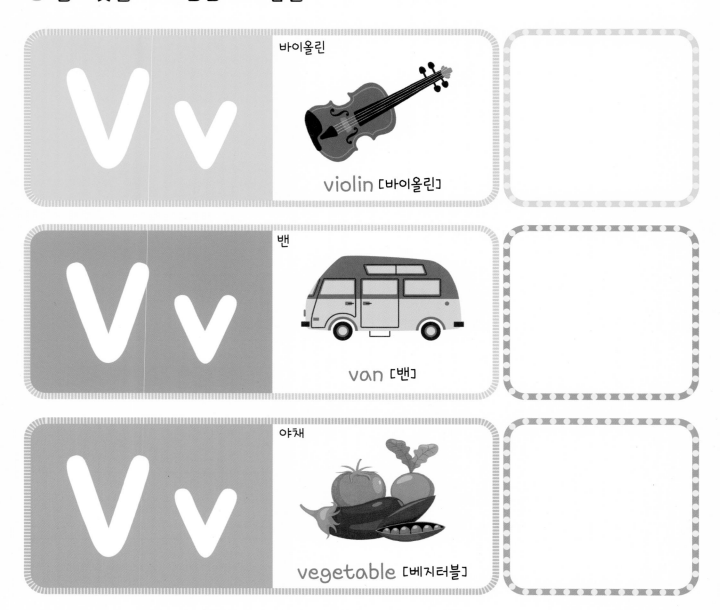

바이올린
violin [바이올린]

밴
van [밴]

야채
vegetable [베지터블]

♠ V, v 스티커를 동그라미 안에 붙이세요. (스티커는 191쪽에 있어요.)

is for van

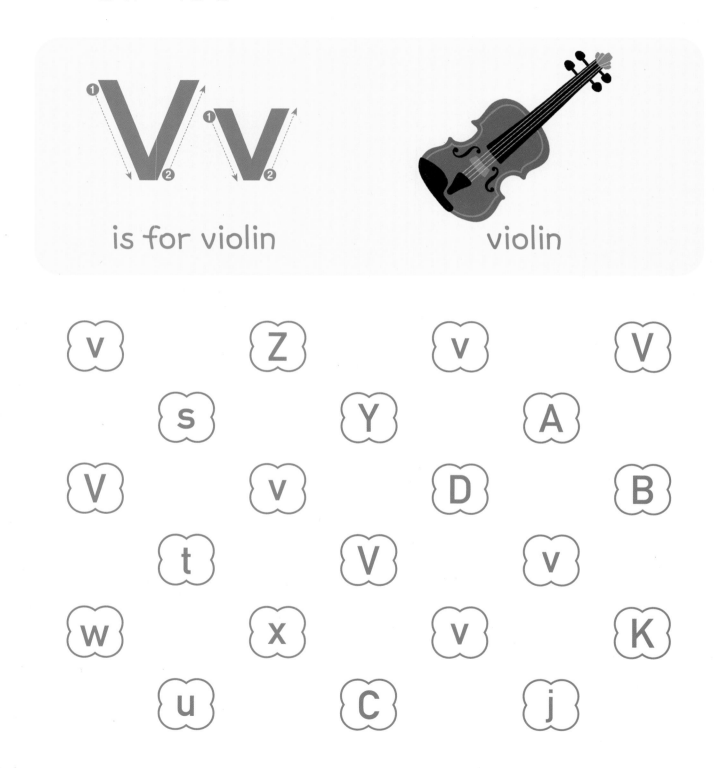

V   Z   v   V

s   Y   A

V   v   D   B

t   V   v

w   x   v   K

u   C   j

소리를 듣고 세 번 따라 말하세요. 1️⃣ 2️⃣ 3️⃣
V, v를 번호 순서대로 써 보고 그림에 색을 칠하세요.

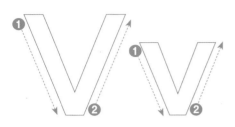

V is for violin

V is for vegetable

V is for van

🔺 점선을 따라 V, v를 써 보세요.

🔺 소리 내어 읽으며 V, v를 써 보세요.

🔔 첫소리가 같은 그림들을 서로 연결하세요.

		Ss		
		Tt		
		Uu		
		Vv		

🔔 노란색 칸에 있는 알파벳과 같은 알파벳을 골라 동그라미를 그리세요.

S	s	u	n	S
s	t	O	s	k
T	t	e	n	T
t	j	q	R	T
U	H	o	U	O
u	o	b	D	u
V	U	b	u	V
v	V	p	v	i

QR코드를 찍어
확인하세요.

소리를 듣고 알맞은 곳에 동그라미를 그리세요.

1 ❶s ❷t ❸u ❹v

2 ❶s ❷t ❸u ❹v

3 ❶s ❷t ❸u ❹v

QR코드를 찍어
확인하세요.

소리를 듣고 알맞은 그림을 고르세요.

그림과 영어 단어를 선으로 연결하고 영어 단어를 적어 보세요.

6 •

• turtle

• violin

• six

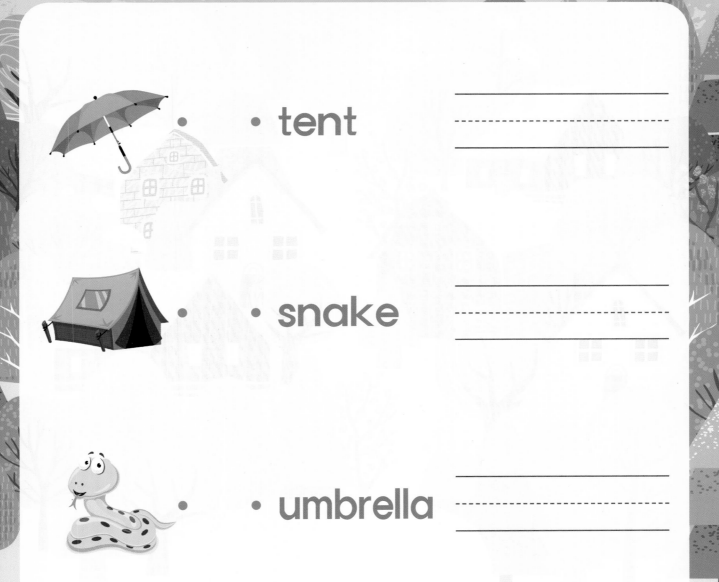

tent

snake

umbrella

QR코드를 찍어 확인하세요.

"드디어 마지막 WXYZ 마을에 도착했어.

이곳에서 마지막 알파벳들의 소개를 들어 보자구."

Alice가 알파벳들의 이야기를 빨리 듣자며 Jack의 팔을 잡아당겼어요.

watermelon을 좋아하는 wolf가 water이 흐르는 연못에 앉아

선물을 예쁘게 포장하고 있어요.

x-mas tree 모양의 x-ray도 xylophone을 포장하고 있어요.

yak도 yellow yacht를 멋지게 포장하고 있고요.

zero 숫자 모양, zoo 모양의 포장을 하는 zebra에게 Jack이 물었어요.

"너희들은 무엇을 하고 있니? 왜 이것들을 포장하고 있어?"

"왕은 최고의 실력보다는 좋은 것을 나누는 왕이 최고라고 생각해.

그래서 선물을 멋지게 포장하여 모두에게 나누어 줄 거야."

Jack

Alice

여덟 번째 WXYZ 마을

W w

[더블유]

안녕, 나는 알파벳 Ww야. 더블유라고 불러 줘.
대문자 W는 아빠 엉덩이처럼 크게 올록볼록해.
소문자 w는 아기 엉덩이처럼 작게 올록볼록해.

WOLF

🔔 알파벳을 보고 빈칸에 그림을 따라 그려 보세요.

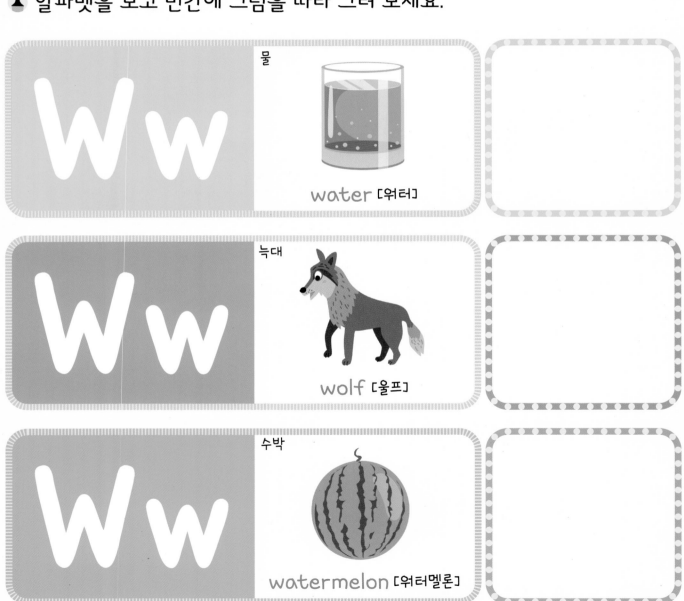

물
water [워터]

늑대
wolf [울프]

수박
watermelon [워터멜론]

🔺 W, w 스티커를 동그라미 안에 붙이세요. (스티커는 191쪽에 있어요.)

is for water

🔺 W, w를 찾아 색을 칠하세요.

is for watermelon

watermelon

W　　w　　a　　e

f　　O　　N

c　　w　　b　　W

g　　I　　W

w　　H　　J　　K

W　　d　　L

소리를 듣고 세 번 따라 말하세요. ①□ ②□ ③□
W, w를 번호 순서대로 써 보고 그림에 색을 칠하세요.

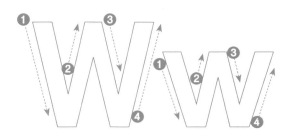

W is for water

W is for watermelon

W is for wolf

🔔 점선을 따라 W, w를 써 보세요.

🔔 소리 내어 읽으며 W, w를 써 보세요.

X x

[엑스]

안녕, 나는 알파벳 Xx야. 엑스라고 불러 줘.
대문자 X는 '아니'라고 팔 전체로 만든 모양이야.
소문자 x는 '아니'라고 손가락으로 만든 모양이야.

X-RAY

🔔 알파벳을 보고 빈칸에 그림을 따라 그려 보세요.

엑스레이

x-ray [엑스레이]

크리스마스 트리

x-mas tree [엑스마스트리]

실로폰

xylophone [자일로폰]

♠ X, x 스티커를 동그라미 안에 붙이세요.〔스티커는 191쪽에 있어요.〕

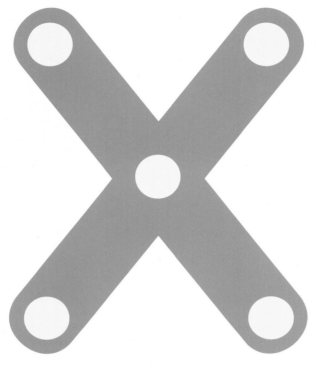

is for x-ray

♣ X, x를 찾아 색을 칠하세요.

is for X-mas tree

X-mas tree

QR코드를 찍어 확인하세요.

소리를 듣고 세 번 따라 말하세요. ①☐ ②☐ ③☐
X, x를 번호 순서대로 써 보고 그림에 색을 칠하세요.

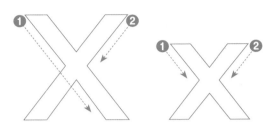

X is for x-ray

X is for x-mas tree

X is for xylophone

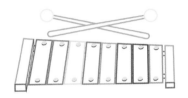

🔔 점선을 따라 X, x를 써 보세요.

🔔 소리 내어 읽으며 X, x를 써 보세요.

Y y

[와이]

안녕, 나는 알파벳 Yy야. 와이라고 불러 줘.
대문자 Y는 하늘 향해 두 팔 벌린 사람 모양이야.
소문자 y는 인어 공주가 누워 손 흔드는 모양이야.

YAK

🔔 **알파벳을 보고 빈칸에 그림을 따라 그려 보세요.**

야크
yak [야크]

요트
yacht [야트]

노랑색
yellow [옐로]

Y, y 스티커를 동그라미 안에 붙이세요. 〔스티커는 191쪽에 있어요.〕

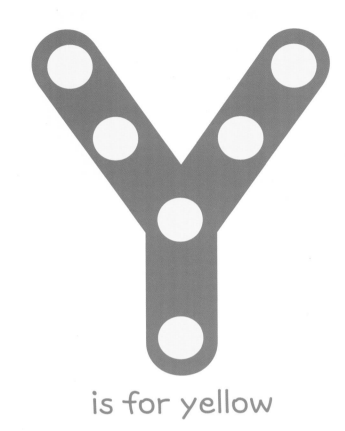

is for yellow

Y y
is for yacht

yacht

y   Y   Z   y

t   I   A

C   u   Y   B

D   y   k

Y   Y   v   j

E   f   w

QR코드를 찍어 확인하세요.

소리를 듣고 세 번 따라 말하세요. ①☐ ②☐ ③☐

Y, y를 번호 순서대로 써 보고 그림에 색을 칠하세요.

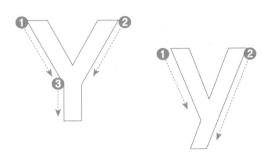

Y is for yellow

Y is for yak

Y is for yacht

🔺 점선을 따라 Y, y를 써 보세요.

🔺 소리 내어 읽으며 Y, y를 써 보세요.

Z z

[지]

안녕, 나는 알파벳 Zz야. 지라고 불러 줘.
대문자 Z는 번개를 눕혀 놓은 큰 지그재그 모양이야.
소문자 z는 왔다 갔다 하는 작은 지그재그 모양이야.

ZEBRA

🔔 알파벳을 보고 빈칸에 그림을 따라 그려 보세요.

Z z 지브라 zebra [지브라]

Z z 영 zero [지로]

Z z 동물원 zoo [쥬]

🔺 Z, z 스티커를 동그라미 안에 붙이세요. (스티커는 191쪽에 있어요.)

V is for zero

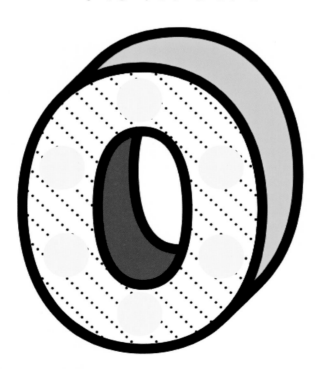

Z, z를 찾아 색을 칠하세요.

is for zebra

zebra

a · z · h · i

b · z · Z

q · c · Z · w

r · d · o

z · Z · z · v

s · x · f

QR코드를 찍어 확인하세요.

소리를 듣고 세 번 따라 말하세요. 1️⃣ 2️⃣ 3️⃣
Z, z를 번호 순서대로 써 보고 그림에 색을 칠하세요.

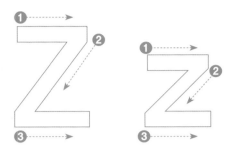

Z is for zebra

Z is for zoo

Z is for zero

🔺 점선을 따라 Z, z를 써 보세요.

🔺 소리 내어 읽으며 Z, z를 써 보세요.

🔔 첫소리가 같은 그림들을 서로 연결하세요.

		Ww		
		Xx		
		Yy		
		Zz		

🔔 노란색 칸에 있는 알파벳과 같은 알파벳을 골라 동그라미를 그리세요.

W	M	W	N	m
w	w	m	n	u
X	k	T	X	s
x	Q	x	w	t
Y	y	O	e	Y
y	j	f	y	J
Z	S	Z	m	X
z	s	w	z	c

QR코드를 찍어
확인하세요.

소리를 듣고 알맞은 곳에 동그라미를 그리세요.

1 ❶ w ❷ x ❸ y ❹ z

2 ❶ w ❷ x ❸ y ❹ z

3 ❶ w ❷ x ❸ y ❹ z

QR코드를 찍어
확인하세요.

소리를 듣고 알맞은 그림을 고르세요.

1

2

3

4

그림과 영어 단어를 선으로 연결하고 영어 단어를 적어 보세요.

- • yak
- • zebra
- • water
- • x-ray
- • yellow
- • zero

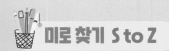

🔔 출발에서 도착까지 S~Z을 따라 연결하세요.

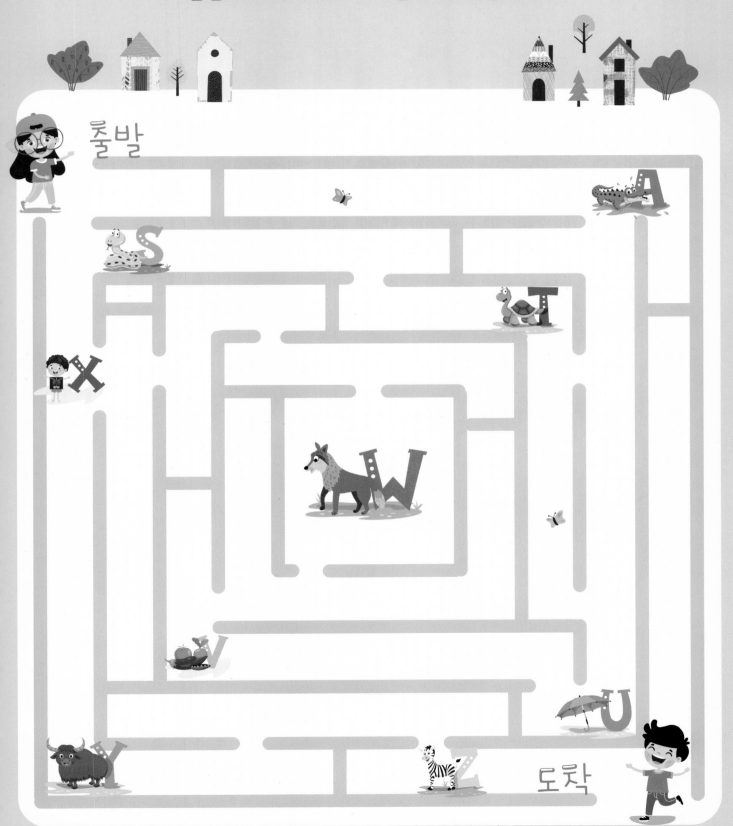

첫 알파벳 다음의 빈칸에 들어갈 알맞은 알파벳을 적어 보세요.

🔺 알파벳 대문자와 소문자를 바르게 연결하세요.

A ·   · i

E ·   · a

O ·   · u

I ·   · e

U ·   · b

W ·   · d

B ·   · o

D ·   · w

🔺 다음 알파벳을 따라 써 보세요.

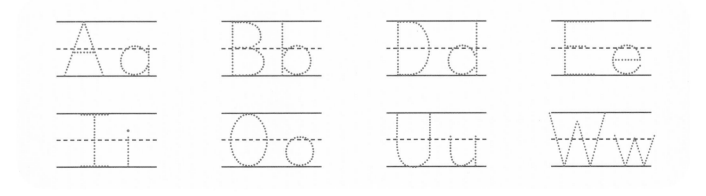

Z, E, R, O를 찾아서 색을 칠하세요.

F	G	F	A	P
A	Z	E	E	P
W	R	A	O	P
Q	Z	B	R	F
X	E	C	E	F
V	R	D	O	B
B	O	I	O	B
N	Z	R	Z	F
M	F	B	B	F

O, N, E를 찾아서 색을 칠하세요.

A	T	B	B	T
S	N	N	C	B
L	D	O	B	B
L	S	E	B	C
S	C	O	B	S
V	B	N	B	K
S	B	E	C	B
W	O	O	E	B
C	P	P	S	P

IGLOO

🔺 I, G, L, O에 색을 칠하세요.

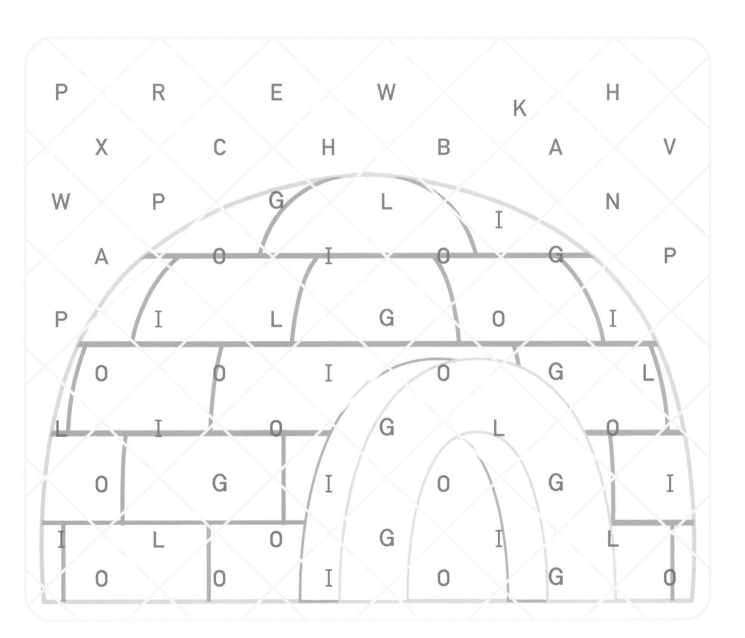

P R E W K H

X C H B A V

W P G L I N

A O I O G P

P I L G O I

O O I O G L

L I O G L O

O G I O G I

I L O G I L

O O I G O

동그라미 안에 알맞은 알파벳 대문자를 넣어 기차를 완성하세요.

A~M까지 13개 알파벳을 찾으세요.

🔺 N~Z까지 13개 알파벳을 찾으세요.

X	A	D	K	L	E
R	G	Q	R	R	Q
Q	J	O	F	I	B
R	C	S	T	P	U
P	N	P	U	R	W
R	H	S	V	P	T
S	M	Q	S	X	W

★ 대문자 N~Z를 찾아 색을 칠하고 숨겨진 알파벳을 찾으세요.

A	L	N	T	L	C
H	U	E	G	R	J
D	P	D	B	V	E
G	W	Z	X	O	L
E	Q	L	G	A	I
J	Y	F	G	C	D
G	S	G	L	H	B

아래 그림을 참고하여 번호에 알맞은 단어를 넣으세요.

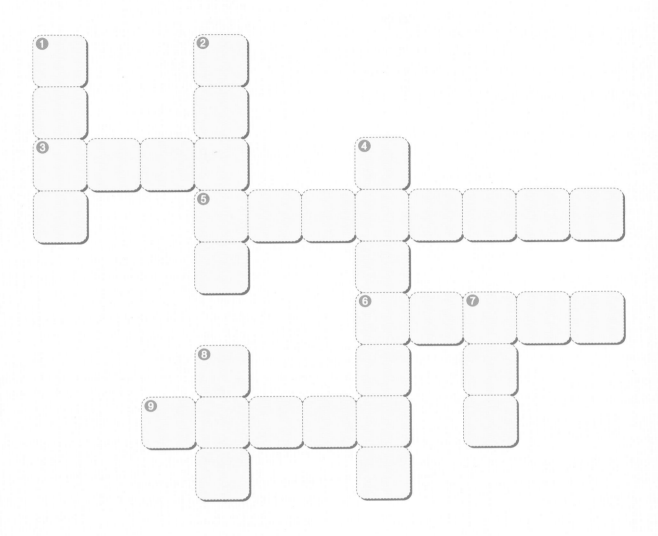

가로

③ ⑤
⑥ ⑨

세로

① ② ④
⑦ ⑧

🔺 별 모양 안에 들어갈 소문자를 차례대로 써 넣으세요.

🔔 사라진 대문자를 징글벨 안에 써 넣으세요.

🔔 그림에 숨어 있는 알파벳을 찾아 알파벳이 밝아지도록 색을 칠하세요.

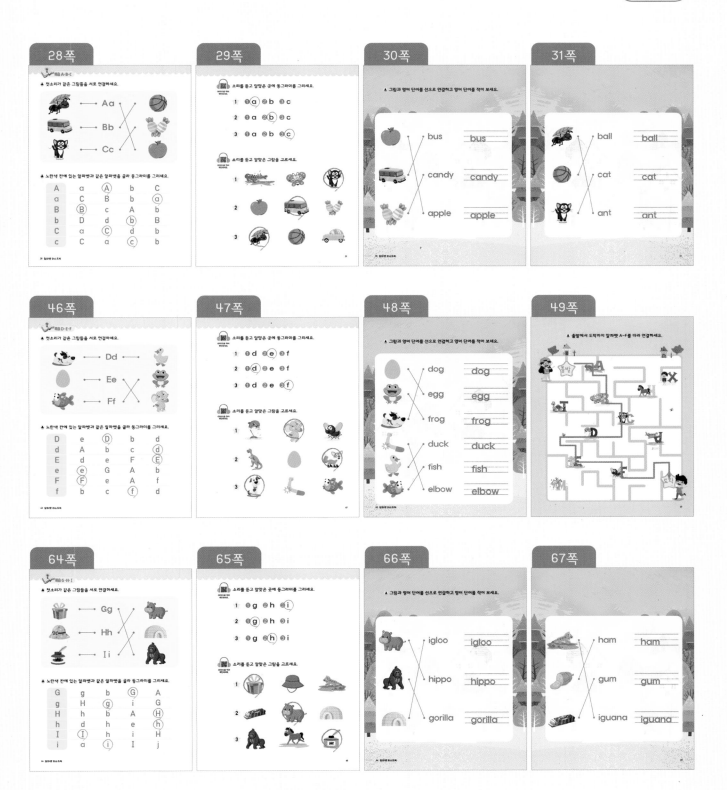

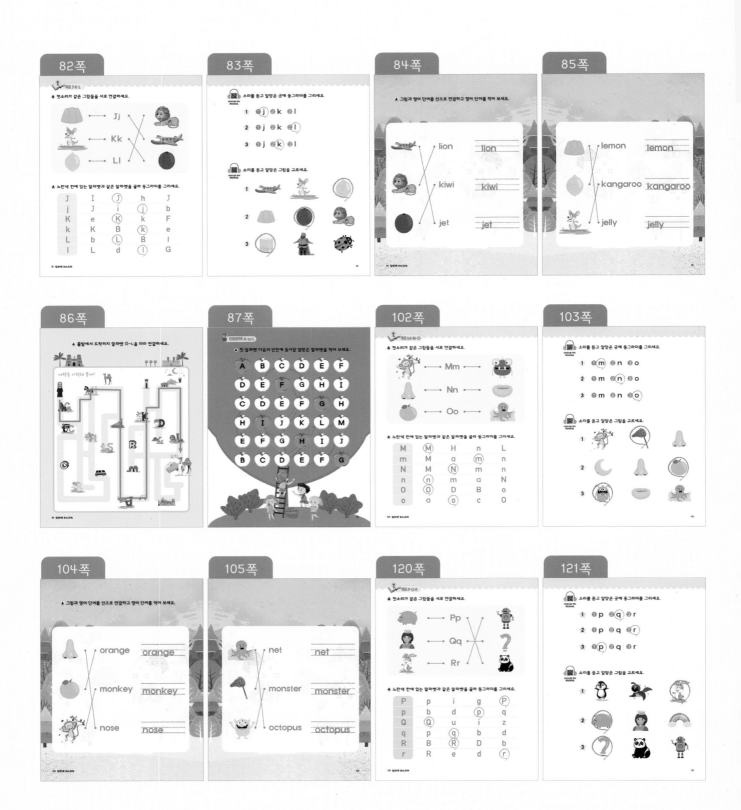

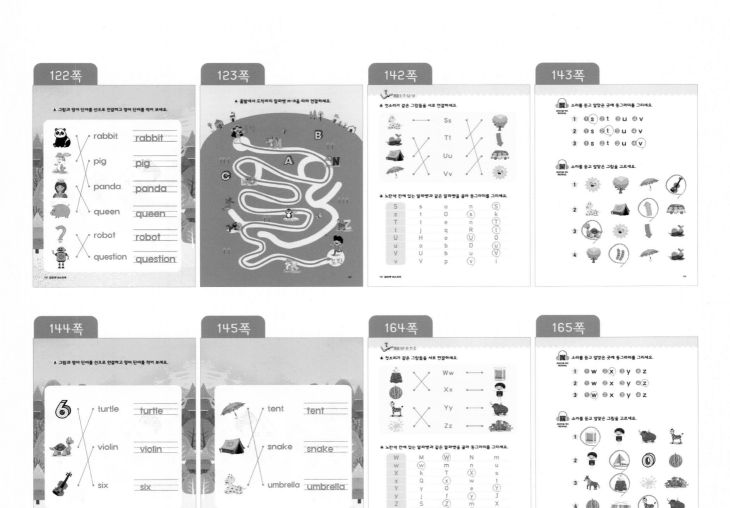

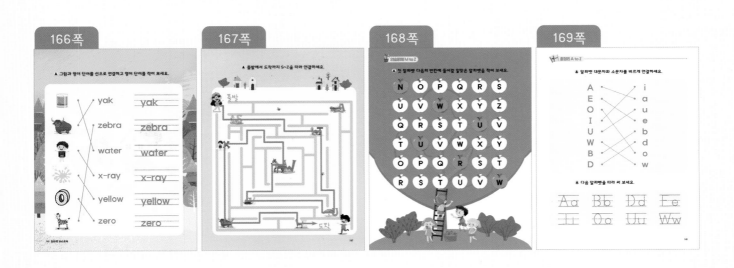

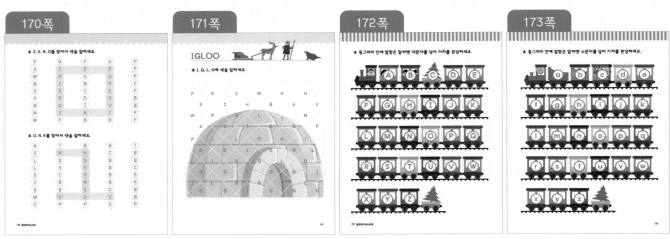

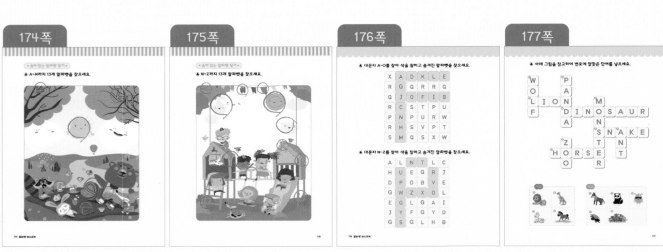

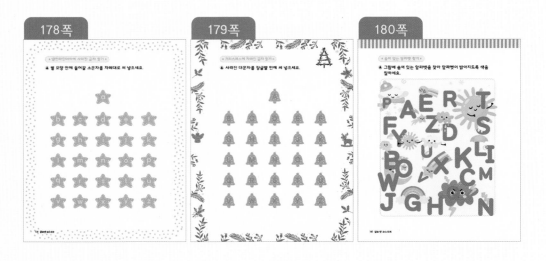

184 알파벳 퍼스트북

A-17쪽

A A A A A A A A

a ◯ a a a a a a

B-21쪽

B B B B B B B B

b b b b b b b b

C-25쪽

C C C C C C C C

c c c c c c c c

D-35쪽

D D D D D D D D

d d d d d d d d

E-39쪽

E E E E E E E E

e e e e e e e e

F-43쪽

F F F F F F F F

f f f f f f f f

G-53쪽

G G G G G G G G

g g g g g g g g

H-57쪽

H H H H H H H H

h h h h h h h h

I-61쪽

I I I I I I I I

i i i i i i i

J-71쪽

J J J J J J J J

j j j j j j j j

K-75쪽

K K K K K K K K

k k k k k k k k

L-79쪽

L L L L L L L L

l l l l l l l l

M-91쪽

M M M M M M M M

m m m m m m m m

N-95쪽

N N N N N N N N

n n n n n n n n

O O O O O O O O
o o o o o o o o

P P P P P P P P
p p p p p p p p

Q Q Q Q Q Q Q Q
q q q q q q q q

R R R R R R R
r r r r r r r r

S S S S S S S S
s s s s s s s s

T T T T T T T T
t t t t t t t t

U U U U U U U U
u u u u u u u u

V-139쪽

V V V V V V V V

V V V V V V V V

W-149쪽

W W W W W W W W

W W W W W W W W

X-153쪽

X X X X X X X X

X X X X X X X X

Y-157쪽

Y Y Y Y Y Y Y Y

Y Y Y Y Y Y Y Y

Z-161쪽

Z Z Z Z Z Z Z Z

Z Z Z Z Z Z Z Z